イタリアの馬鹿男、日本の駄目男

かわい ゆうこ
YUKO KAWAI

Italy or Japan

太陽出版

プロローグ

日本がイタリアから学ぶべきこと

最近、私は歴史的に古い街並みや陽気な風土に誘われて、イタリアを訪れるのが楽しみの一つだ。壮大な古代ローマ帝国の遺跡や、中世の面影が色濃く残る街並み、ダヴィンチやミケランジェロに代表される優美で華麗なルネッサンス芸術、エルメスやグッチ、プラダ、アルマーニ、フェラガモなど有名ブランドの洗練されたファッション、青い空に輝く太陽、美しい海や山の自然、ピザやパスタ料理に、新鮮な魚介類の数々、そして、陽気で、愉快で、人情味に溢れた人々……。

イタリアには、語り尽くせない数々の伝統や文化があり、どこへ行っても旅人を驚かせたり、喜ばせたり、感動させたり、スケールの大きな魅力で溢れている。

ローマ、ナポリ、フィレンツェ、ミラノ、ベネチアなど、日本でもよく知られる大都市で観光やショッピングをするのも楽しいが、ゆったりとした時間の中で、トスカーナの小さな村々を散策したり、アマルフィやチンクエッテレといった海岸のひなびた漁村でヴァカンスを過ごすのも、なかなかいいものである。

カンターレ（歌おう！）　マンジャーレ（食べよう！）　アモーレ（恋しよう！）

イタリア人の大好きなこの言葉どおり、イタリアは心から人生を楽しむことのできる素晴らしい国だ。

もっとイタリアを知ろう！　もっとイタリアを楽しもう！　そして、もっともっと人生を楽しもう！

ところが、こんな魅力溢れるイタリアで、いつも私を悩ませる最大の問題がある。それは、ハエのようにうるさいイタリア人男性からの「ナンパ」だ。

一人でゆっくりと観光を楽しみたいと思っても、イタリア人男性からのナンパで、いつも私の貴重なイタリアでの時間が台無しにされてしまう。イタリア人男性のプレイボーイぶりは、世界でも有名だが、実際に自分で経験してみると、なかなか厄介なものである。

路上を歩いていれば、いきなり目の前に車が停まり、キザな男に「何処へ行くの？　今から一緒にドライブしないか？」と声をかけられることもあれば、有名な観光地で、係員や警備員に「今晩、私と食事でもどう？」と誘われることもある。レストランやホテルで、ウェーターやポーターが必要以上に愛想が良い場合は、要、要、要注意！　従業員の休憩室に連れ込まれ、キスされそうになったことさえあった。

こうしたイタリア人男性はみんな、一人旅の女性を狙っている「ナンパ常習犯」。だから、私が特別な体験をしているわけではない。

イタリアでウザいナンパ経験が何度も続くと、「私ってモテるのかしら？」などと、到底自惚れてなどいられない。頭の中は、ただ、ただ、「この馬鹿男たちをどのように追い払うのか」と考えるだけで一生懸命だ。彼らに少しでも笑顔を見せようものなら、どこまでも、どこまでも、しつこく口説き落とそうとしてくる。断っても、断っても、彼らは諦めようとしない。それが「イタリア流ナンパ術」である。

このようなイタリア人男性というのは、積極的なのか、図々しいのか、大胆なのか、鈍感なのか、よほど自分に自信があるのかよく分からないが、私はときどき、イタリア人男性よりもハエのほうが可愛らしく思えることさえある。ハエは蝿叩きでも退治できるが、マッチョなイタリア人男性は強力な殺虫剤でも効果がない。

おかげで私は、これまで「ナンパ」に関する突飛な体験を、イタリアで数多くさせて頂いた。イタリア人男性の皆さん、こんな私まで誘って頂いて有難う！

心から感謝しますが、もう十分です。

ところで、海外のさまざまな国の文化や慣習、価値観を知ることは大変に面白いものである。どの国を訪れても、それぞれの地域や文化、歴史的背景によって国民性や民族性は異なっているものだが、この女性に対する接し方や口説き方は、イタリアと日本では驚くほど違っている。

イタリア人男性は、見知らぬ女性に対しても、物怖じせず、陽気で、おしゃべりで、図々しく、トラブルや体裁を考えず、ストレートに自分の意思を伝えようとするが、日本人男性の場合は、儀礼的かつ自己抑制的で、あまり感情を出さず、妙によそよそしい態度で、自分の気持ちをストレートに伝えようとしない人が多い。

また、イタリア人男性は、自分の地位や職業にとらわれることなく、常に自信満々な態度で堂々と「自分らしさ」をアピールするが、日本人男性の場合には、職業や肩書き、学歴、会社名といった序列ばかり意識しすぎて、女性の前でも、変に権威的な態度をとったり、逆に自分自身を卑下しすぎたりする。こうした両者の正反対な性格や態度は、「性」や「恋愛」に対してばかりでなく、両国における社会生活のあらゆる面で反映されている。

国民性、すなわち、ある国民に共通してみられる気質や性格は、その国に長年続く社会構造や慣習、文化、歴史、思想的価値観によって作られるものだが、イタリア人男性と日本人男性の両者は、性格、行動、人生観、社会観に至るまで、「まったく正反対」と言っていいほど異なっており、両者の良し悪しはともかく、その違いは興味深いものがある。

日本人男性から見たらおよそ大胆で、いい加減で、非常識な行動であっても、イタリア人男性から見れば極めて自然な常識的行動であったり、イタリア人男性から見ればまったく不可解な内向的思考や消極的行動も、日本人男性にとっては日本の社会システムの中で生きる上で必要不可欠な美徳であったりする。

今日、日本では「草食系」と呼ばれる男性が溢れ返っている。やさしく、従順で、生真面目だが、攻撃性や野心に欠けた「おとなしい男たち」のことである。

しかし、このような男性の性質は、果たして危機に瀕した現代社会で通用するのだろうか？私は以前から、日本人男性の生真面目で我慢強く、几帳面な性格を評価する一方で、「おとなしさ」や「ひ弱さ」、「序列意識に敏感な態度」に危機感を抱いてきた。

日本人男性の美点である控え目で、儀礼的で、従順な態度も、企業組織主体の日本社会の中では通用しても、個人的に接していると「人間的魅力」に乏しいと感じられることがある。また、グローバル化が目覚ましい国際社会の中で、こうした「閉鎖的で島国的な気質」の日本人男性がどこまで通用するかというと、それもかなり疑問だ。

「日本という国」が経済成長を続け、大国として世界に君臨し、男性が社会的権威で守られていた頃までは、個人的な資質について問われることなく、努力しないでも、かろうじて自らの権威と威信を保つことができたかもしれない。

何より日本人男性は、「日本株式会社」という社会全体によって守られてきたことで、よほどの個人的な問題がない限り、少なくとも就職には困らなかったし、会社でも年功序列で出世が可能だったからだ。人間としての評価も、地位や肩書き、経済力が優先されていた時代が続き、「社会の歯車であればそれでいい」という風潮の中で、あえて個人の資質や人間性など重要視されてこなかったように思う。

ところが、「能力主義」が重要視されはじめた今日、日本人男性も、「一人の人間」としての資質が問われ始めている。戦後から続いた空前の高度経済成長は終焉し、日本の長引く不況によって、社会も、職場も、昔のように、男性を無条件に守ってくれない時代になった。おかげで、巷には社会に適応できず自宅に引きこもっている青年や、会社からリストラされて抜け殻になっている中年男性、その上、長年連れ添った奥さんから熟年離婚を言い渡され、ボロ雑巾のように捨てられた年配男性が溢れ返り、その姿を見ていると、あまりに惨めで、可哀想で、およそ「男らしい」とは言い難い。

そうした日本人男性の衰退は、男女の関係にも大きな影響を与え、夫婦関係や恋人関係にも変容をもたらし、孤独で、自信のない男性を、より一層増やしているような気がしてならない。

それもこれも、日本人男性が、社会的権威の「後ろ盾」にすがっているだけで、「男としての自分」、「個人としての自分」を大切にしてこなかった結果ではないだろうか。

「ナンパ」という行為は、その男性の人間性を示す一つのバロメーターだ。女性をどのように口説くかによって、その男性の「魅力」や「品性」、「力量」が大きく試される。動物にしても、鳥や昆虫にしても、雄が雌の気を引くとき、自分の魅力を引き出すために最大限の努力をする。動物や、鳥や、昆虫が、他の雄を威嚇して自分の「強さ」を証明しようとしたり、翼を広げて自分の容姿を自慢したり、美しい声や音を奏でて雌の興味を引こうとするのは、自分の雄としての魅力を分かってもらい、雌に気に入られたいからだ。人間もまた、男性が女性を口説くときには、まったく同じことだと思う。

男性が、女性にお世辞を言ったり、冗談を言って楽しませたり、プレゼントをして喜ばせたり、親切にして安心させたりするのは、やはり自分を「男」として評価してもらい、女性に気に入られたいという願望があるからに過ぎない。それが上手く成功するかどうかで、「男としての評価」が決まると言っても、過言ではないだろう。

だから「ナンパ」には、その男性の人間性が大いに反映されると思うのである。

一九八〇年代の空前のバブル経済が破綻して以降、日本は国際比較で軒並みランキングを下げている。経済にせよ、教育にせよ、世界的ランキングがニュースや経済紙で発表されるたび、日本では国民の悲観的な言葉をよく耳にする。

あれほど自慢だった経済も、今や日本はイタリアと、破綻寸前の低レベルな競争をしている始末だ。日本がバブル真っ盛りだった頃、日本人はイタリアを経済後進国のように見下していたから、イタリアと比べられること自体、日本人にとっては屈辱だと考える人も多いと思う。

中でも、「企業戦士」と呼ばれ、日本の経済発展だけを誇りに生きてきた年配の日本人男性にとっては、「いい加減な国イタリア」と比べられること自体、「恥」だと考えるのではないだろうか。

でも、経済や一部のテクノロジーを除いて、現在の日本がイタリアに勝ることなどあるだろうか？　この大不況の最中でも、イタリアに旅行する日本人観光客は後を絶たず、日本人の金持ち連中はイタリアの高額なブランド品を家中に買い揃え、イタリア人男性と結婚したがる日本女性だって少なくない。中には、イタリア・ファンを通り越して、イタリアを信奉している人たちだっている。

イタリア人男性の「ナンパ」という行為一つ話題に取り上げてみても、日本がイタリアから学ぶべきことは、まだまだ沢山あると思うのである。

前もって言っておくが、私はイタリア人男性の方が、日本人男性より優れていると言いたいのではない。時間は守らない、約束もいい加減、自分の失敗も帳尻合わせで都合よくごまかす、何事にも口八丁手八丁、自分のことは棚上げで文句ばかりいうといったイタリア人男性の「アバウトな気質」もまた、時と場合によっては大きな迷惑である。

こんなイタリア人男性には、少しは日本人男性のような真面目さ、勤勉さ、謙虚さ、責任や義務感の強さ、協調性といった面を見習って欲しいと思うことは、よくあることだ。

しかし、何事にもめげない積極性や、物怖じしない社交性、誰にも負けないという自信、自分らしさを大切にする個性といったことを磨く意味においては、日本人男性も、イタリア人男性の大らかで、オープンな気質を見習ってもいいのではないだろうかと思う。

時には強引で、お調子者で、自惚れも人一倍強いイタリア人男性だが、彼らの天真爛漫な性格は、日本人男性には持ち得ない、ある種の人間的なチャームポイントであり、その楽天的な生き方のパワーこそ、今の日本人男性には必要なものだからだ。

本書は、イタリアでの私自身の体験に基づき、イタリア人男性と日本人男性の違いを書いたものである。今日、社会でも、家庭でも、その地位と権威を失墜させ、自信喪失に陥っている元気のない日本人男性諸君に読んでもらいたいと書き始めることにした。

世界に名だたるプレイボーイのイタリア人男性が、「ナンパ」という行為を通じて、どのように「男らしさ」を追求して生きているのか、それを参考にして日本人男性の復権に役立てて頂ければ幸いである。ただし、内容は、私のお粗末な知識と観察眼によって、独断と偏見に満ちたものであるので、あまり深く考えずに読んで頂きたい。

それから、イタリア人男性のことを「馬鹿男」、日本人男性のことを「駄目男」などと言ってゴメンナサイ。

「こんなことを書いているから、お前は嫁にも行けないんだぞ」という批判が出ることをあらかじめ真摯に受け止め、こんな私でも嫁にもらってくれる男性が、世界に一人ぐらいいることを願うばかりである。

目次

第一章　「ナンパ大国」イタリア、「痴漢大国」日本

1. ナンパは文化!?　「ナンパ天国」イタリアの現状

私、モテるの!?

イタリアを一人旅していると、よく男性から声をかけられる。

別に私は、自分が「男にモテる」と自慢したいわけじゃない。イタリアを一人旅したことのある女性なら、誰でも一度は経験することだ。駅でも、ホテルでも、レストランでも、公園でも、イタリアにいると何処だって男から声をかけられるチャンスがある。「チャオ、ベッラ／Ciao, Bella（やあ、かわいこちゃん！）」と、こんな軽い挨拶で始まり、次に、「一緒にお茶でもどうだい」と誘われる。これは、嘘のような本当の話。

私自身、自分が体験するまで、噂に聞くイタリア人男性のプレイボーイぶりを信じられなかった。ところが、実際イタリアに行ってみて、イタリア人男性からの「ナンパの嵐」に、「すごい！」と驚かされることしばしば。ハエのように、女性の周囲を付きまとうイタリアの男たちに出会うたび、どうしてこの国では、男が女を口説いてばかりいるのだろうと考えさせられる。プレイボーイの数では他の諸国を圧倒していること間違いない。

さすがナンパ大国イタリア！　こんなこと、日本では絶対にあり得ない!!

ナンパはイタリアの観光名物

それにしても、私も数多くの国に行ったが、イタリアほど頻繁に男性が女性を「ナンパ」する国も珍しい。ときどき私は、イタリアは国家を挙げて、「ナンパ」を「観光名物の一つ」にしているのかもしれないと思ってしまう。

こうしたイタリア人男性からの「ナンパ」に遭遇した場合、旅行ガイドブック等には、「男性にしつこく誘われても、愛想良くしたり、曖昧な態度をとったりせずに、はっきりNOと断ること」と注意書きされているが、なかなか上手くいくものでもない。私の場合も、「日本人の悲しい性《さが》」から、誰かに声をかけられると、つい無意識に「ジャパニーズ・スマイル」を向けてしまう。

すると、こうした女性の隙に付け入るのが上手いイタリア人男性は、あれやこれやときっかけを見つけ、ユーモラスな会話で興味を引きつけて、気が付けば「お友だち」になっていることだってある。私は毎年夏イタリアで、二、三週間ヴァカンスを過ごすが、ローマではわずか一日の間に、美術館の係員、レストランのウェーター、ブティックの店主、ホテルのレセプション係に誘われるという快挙を遂げた。

日本では、絶対にあり得ないことだ。ちなみに、私は黒木瞳のような「しとやか美人」でもなければ、藤原紀香のように足の長いグラマーな「健康美人」でもない。むしろ、日本を代表する大女優たちと自分を比べるのもおこがましいほど、顔は十人並み、スタイルは中肉中背で貧相な体型の「典型的日本人女性」である。

だから、イタリアの男たちがどれほど「女好き」で、「物好き」で、女性に対する「好みの許容範囲」が如何に広いか、よく分かるだろう。つまり、イタリア人の男は、手頃で身近に現われた「女」なら誰だってかまわず声をかけているのだ。

イタリアでは、「挨拶がわりに男が女を口説く」とよく言われるが、あながち誇張した表現ではない。私でさえナンパされるのなら、もっと若くて綺麗な女性だったら、きっと数え切れないほど多くのイタリア人男性から声をかけられ、女神のように崇められているに違いない。

今度私が生まれ変わるなら、絶世のグラマーな美女に生まれ変わり、アルマーニかグッチのサングラスをかけて、フェラガモの靴を履き、ミニスカートで日焼けした長い脚を惜しげなく晒して、イタリアの街を颯爽と歩いてみたい。

一体、どれほどのイタリアの馬鹿男が私に声をかけてくるだろう？　いきなり大女優ソフィア・ローレン気分が味わえるに決まっている！　ふっ、ふっ……、ああ、夢のようだ……。

（これは、ただの現実離れした「ババアの妄想」なので、聞き流して頂きたい）

ロマンス目当てにイタリア旅行

そのためか、世界には「ロマンス目当て」にイタリアへ行く女性もいるらしい。確かに、手っ取り早くボーイフレンドを見つけるには、イタリアは最高の土地柄である。退屈な亭主やボーイフレンドに飽き飽きしたら、イタリアに行くのもお勧めだ。

イタリア人男性を惹きつける指南をするわけではないが、イタリアでは、ちょっと女らしく、一人で困っているフリでもすれば、「男」は簡単に近づいて来る。男性の気を引くのに、決していい手段とは思わないが、浮気相手の一人や二人、簡単に見つけられるだろう。

イタリア人男性は、他のヨーロッパ諸国の男性同様、騎士道精神に溢れているから、困っている女性や、一人で寂しそうにしている女性を放っておけないのだ。

ただし、見知らぬイタリア人男と恋に落ちても、すぐに真剣にならないこと。イタリア人男性の甘いささやきを鵜呑みにして、女性の方がのめり込んでしまうと、それはもう不幸の第一歩。相手の男性が本気ならともかく、イタリア人男性は天性のプレイボーイ。「行きずりの恋」からの逃げ足が速いのである。

ナンパはイタリアの挨拶代わり!?

日本でも、こうした「イタリア人男性のナンパ癖」は有名だが、不思議なことに、ナンパの実態を正確に把握している日本人は少ない。

「イタリア人はスケベだから、すぐに女を口説く」とか、「イタリア人男性のナンパは女性に対するエチケットに過ぎない」といった連想がなされることはあっても、なぜイタリア人男性がすぐに女性をナンパしたがるのか、どうやって女性をナンパするのか、その本当の根拠について真剣に考える日本人はほとんどいないのである。

「イタリアに行った」と話せば、みんな必ず「男に口説かれなかった?」と面白半分に尋ねるくせに、なぜイタリアの男たちが女を頻繁に口説くのか言及しようとしない。多くの日本人に興味があるのは、「どれほどイタリア人がスケベな国民か」ということだけらしい。

中には、イタリア人男性のナンパ癖を、単なる挨拶がわりとかリップサービス程度のように誤解している日本人もいるほどだ。イタリアで実際に「ナンパ」経験してみないと、それがどのようなものなのか具体的に想像ができないのだろう。

しかし、イタリア人男性だって、知り合った女性すべてをリップサービスでナンパしているわけじゃない。彼らにとって、「ナンパ」は決して社交辞令でもボランティアでもなく、純粋に「男の欲望のはけ口」と「快楽」を求めているに過ぎないのだ。

彼らは、確かにどんな女性に対しても親切で、口先も上手いが、自分が興味のない女性や、男性同伴者のいる女性に対しては結構冷淡である。

その点で、彼らが、決してナンパをエチケットとか、挨拶がわりでしているのではないことは一目瞭然。むしろ、彼らの女性に対する態度は大変に打算的で、こちらが男連れだったりすれば、その無愛想な対応を腹立たしくさえ感じることもある。

ところが、「ナンパ」を「イタリアの伝統的な女性に対するエチケット」と本当に信じ込んでいた日本人男性が、実際にイタリアに行った際、出会う女性すべてに口説き文句を言って、恥をかいたうえ、酷い目に遭ったという笑い話を聞いたことがある。

その日本人男性は大変に生真面目な性格で、本当に挨拶のつもりで、出会った女性全員に「僕はあなたを愛している」とか、「あなたは美しい」とか、「僕とデートしてください」と言ったらしい。「それがマナーだ」と彼は思っていたのだそうだ。

おかげで彼は、好きでもない女性から好意を寄せられたり、相手のボーイフレンドから警戒されたり、自分のガールフレンドには誤解されたりと、散々だったらしい。いかにも礼儀作法を重んじる日本人的な発想と解釈から生まれた誤解である。

世界一のプレイボーイ大国

イタリア人男性が世界に名立たるプレイボーイであることは、すでに古今東西に知れ渡った事実だ。平凡な若者から、エリート風のビジネスマン、頭が薄く、お腹の出た八百屋のオッサン、果ては杖をついてヨボヨボと歩く散歩中の老人に至るまで、シーザーやカサノバに匹敵する女たらしなら、街中にウヨウヨしている。

イタリア人の「ナンパ」の歴史はかなり古く、キリスト教が誕生する以前にまで遡り、古代ローマ帝国の英雄ジュリアス・シーザー（伊名／ユリウス・ガイウス・カエサル、紀元前一〇〇～四四年）は軍事的、政治的才覚に優れていただけではなく、プレイボーイとしても有名で、エジプト女王クレオパトラとのロマンスのみならず、元老院議員の半数以上の妻と愛人関係にあったらしい。

また、十八世紀のベネチアに生まれ、軍人、外交官、冒険家、ペテン師等々の多彩な顔を持つカサノバ（一七二五～九八年）も、文学や音楽、外国語に精通した教養人であったにもかかわらず、その功績以上に女たらしとして有名だった。現在でも、その名前はプレイボーイの代名詞として、世界中に知れ渡っている。

イタリア人男性のプレイボーイぶりは、今に始まったことではなく、長い歴史の中で培われてきたことである。老いも、若きも、独身者も、既婚者も、日常的に、公然と、人目さえ気にせず、堂々と女性を口説く。結婚指輪をした男性が、街中ですれ違っただけの女性を「ナンパ」することだって、イタリアでは日常茶飯事に見られる光景だ。

現代のイタリアでも、好色家は決して特別な存在ではない。こうしたイタリア人男たちは、日常生活の至るところで、「パチンコ」をするような感覚で女性を「ナンパ」している。つまり、沢山の玉を投入して、その一つがフィーバーにかかればいいという要領だ。

昨日ナンパに失敗しても、今日は別の女性にチャレンジする。気に入った女性に会えば、「いつでも」、「どこでも」、「いつまでも」、超強気にハントしようとするのがイタリア流。自分に女房がいようが、ガールフレンドがいようがお構いなし。その極意は、失敗しても懲りないことにある。

ちなみにイタリア人男性は、女性にフラれると、一瞬は大袈裟にショックを隠しきれないフリをするが、五分後には次の女性にアタックしている。

その態度から判断すると、イタリア人男性は、とても立ち直りが早いか、女にフラれても自分が傷つくことはないような図太い神経の持ち主ばかりである。しかも、イタリア人男性の「ナンパ」は、いつも強気で、大胆で、情熱的で、ユニークで、嘘臭い。

そのテクニックは他の国の男性よりも秀でているが、女性に対する要領と調子のよさもピカイチ。世界中のどの男たちよりも秀でた軽薄ぶりだ。

それが、「世界一のプレイボーイ大国」であるゆえんでもある。

ナンパ好きは男の本能⁉

それにしても、一体イタリアでは、いつから「ナンパ」が習慣化されたのだろう？　この問題は、長年、私にとっては「どうしてローマ帝国は滅亡したのか？」という歴史的大事件と同じぐらい気にかかる疑問である。正確に言えば、ナンパがイタリアにおける文化的行為なのか、それとも遺伝的行為なのか、あるいは単なる男性の本能的行為なのかさえ実は知らない。

（「だったら、こんな本、書くなー」と批判されそうだが……）

イタリア人男性は、「男の本能」を抑制する理性が地球上のどの民族よりも先天的に機能していないとも推察できる。だがそれも、あくまで推察でしかない。

インターネットで、イタリア人男性のナンパについて調べてみたが、一万件以上ものサイトが見つかったのに、どれもこれもイタリアでのナンパ体験談が書かれているだけで、核心的な理由を言及したものはなかった。しかも、こんなにも多くの女性が、イタリアで似たり寄ったりのナンパを経験しているとは、驚きだった。

読んでいるうちに、私の心の中に、「私だけじゃなかったのね」という安心感と、怒りが同時に込み上げてきた。（女は、自分だけがモテると思い込みたいものだ）

でも、これほどイタリア人男性の「女好き」が世界的に有名なのは、やはり彼らのナンパは、常識を逸脱しているという認識が世界の人々に定着しているからだろう。それゆえ、イタリア人の女好きを、単なる「男性本能」という言葉で片付けてしまうのは、安直すぎるような気もする。

ナンパは文化

もちろんナンパは、別にイタリア人男性だけの特権じゃない。ナンパは、多かれ少なかれ、全世界の男たちに共通した行為だ。

フランスやスペインなどのラテン系の国々では、イタリアに負けず劣らず男性は皆プレイボーイであるし、アラブ系の男性のナンパなどは、イタリア人よりもはるかに強引で、図々しく、品性に欠けていることさえある。男性が気に入った女性に声をかけて、デートに誘ったり、口説いたりすることは、世界中どこの国でもよくある自然な行為だ。

ところが、イタリアのナンパという行為が他の国々と少し違っているのは、家庭では、良き父、良き夫、良きおじいちゃん、良き息子といった、平凡で、真面目な、普通の男性たちが、外では「一目惚れの衝動的な恋愛」ばかり追いかけて、しかも、それが常習化されていることである。

一般的に「女たらし」と聞けば、女を誘惑して弄ぶ「堕落した悪い男ども」を連想するが、イタリアに限っては、決してそんなことはない。「女たらし」イコール「堕落した男」とイタリアで定義したら、イタリア人男性全員が堕落していることになってしまう。

イタリアにおいては、「ナンパ」は人々の生活の中で容認された「文化」、「慣習」に近いものなのだ。

陽気なイタリア式恋愛術

ところで、イタリア式ナンパの最大の特徴。それは、決して彼らの愛が、生涯一人の女性だけに捧げられるものではないということである。体裁上は「生涯一人の女性に捧げる愛」を装っていても、現実には、毎晩違った女性に自分の「誠実なる愛」を捧げ、一緒にロマンスを楽しみたいと思っているのが、イタリアの男たちである。

イタリア式ナンパの場合、あまり陰湿さを感じさせることがない。彼らは、「場当たり的な恋愛」であろうが、「その場限りの恋愛」であろうが、全力投球で自分の愛を相手の女性に捧げようとするから、本人自身は女をもて遊んでいるという感覚さえないのだ。

だから当然、彼らは、翌日に別の女性を「ナンパ」しても、良心に呵責を抱いたりはしない。

一晩だけのロマンスを楽しみたい……。こういう願望を抱く男たちは、イタリアのみならず世界中に大勢いる。でも、たいていの男たちは、心の中に願望を秘めつつも理性や良心によってそれを抑制しているか、それを実践する度胸も勇気もなくて、風俗に通ったり、アダルトビデオを見ていびつな欲求のはけ口にしている。もっと最悪な男たちは、紳士面してストーカーや痴漢に走る。

その点、イタリアの男たちは、個人差もあるだろうが、自分の欲望や恋愛に対して素直なまでに純粋で、オープンだ。悪くいえば、節操のない単細胞であり、良くいえば、自分の欲望だけに素直な正直者でもある。

しかし、不思議なのは、イタリア人女性たちがこういう性癖を持ったイタリア人男性のことを「どう思っているか」ということだ。彼女たちは、亭主やボーイフレンドが日常茶飯事的に浮気していることを知っているのだろうか？　それとも諦めているのだろうか？

一般的にどの女性も、「自分だけ愛されたい」、「ずっと長く愛して欲しい」、と願っているものである。だから、女性の立場からすれば、無差別なナンパを極めて不誠実な行為だと感じるのが普通だと思う。

ことに、イタリア人男性の場合は、あれほど大っぴらに女性をナンパしているのだから、その身近にいるイタリア人女性が気づかないはずがない。もし、イタリア人女性が気づいていないとすれば、よほど彼女たちが鈍感なのだろう。

ところが、イタリア人男性は「ロマンスの名手」という異名があるほど、どの女性に対しても大変やさしい。たとえ「一夜限りの恋人」でも、相手の女性には、最大限にやさしくするのが、イタリア的な恋愛のマナーだ。そして、一時の情事を楽しんで自宅に帰った後も、彼らは、自分の妻や、本命の恋人を大事にする。

こうした彼らの態度が、女性から恨まれない秘訣になっていて、たとえ数多くの浮気をしても、奥さんやガールフレンド、浮気相手の女性とのトラブルを最大限回避することに役立っている。イタリア人男性は、良くいえば、女性に対して博愛的で、マメな好男子だが、悪くいえば、要領がいいだけの女好きでもある。

もし、男性諸君に浮気願望があるなら、ぜひ「上手く浮気するコツ」をイタリア人男性から学ぶといい。きっと彼らは、何かコツを知っているはずだ。

プレイボーイの恋愛哲学

私をナンパしてきた何人かのイタリア人男性に、「大勢の女性を口説いてばかりいて、あなたたちに良心というものはないの?」と尋ねたことがある。

すると、決まってマニュアルブックから引用したように、彼らは「人生は短い。だから、今を楽しまなくちゃ」と答える。どうやらイタリア人男性のナンパの背景には、イタリア人男性全員に共通する人生観があるらしい。中には、「愛は素晴らしいものだ。たとえ一晩のロマンスでも、今僕たちに愛があることが大切なんだ」と力説する男性もいて、その哲学的な持論には脱帽させられる。

つまり、イタリア流の人生哲学によれば、人生は一度しかない儚く短いもので、その中でも「愛」ほどこの世の中で素晴らしいものはなく、その「愛」のためならすべてを犠牲にしても許されるということらしい。

だから彼らは、たとえ行きずりの「ナンパ」でも、人生の一瞬における「最高に美しい恋愛」を演出したいと考え、キザな台詞も誠心誠意を込めて言えるし、いささかの罪悪感も持ったりしないのだろう。イタリア人にとって、恋愛は「人生の哲学」そのものなのだ。

そういう観点からすれば、イタリア人男性は、他の国々の男性より「恋愛を奔放に楽しむこと」に長けているとも言える。

皮肉に言い換えれば、自由、平等、博愛というものが近代社会の指標であるなら、すべての女性を自由に、平等に、博愛的に「ナンパ」するイタリアという国は、恋や愛が溢れ返った「恋愛先進国」でもある。

私の友人フランス人のミッシェルは、イタリア人男性のこのような性癖について次のように説明してくれた。

「イタリア人の男たちにも、一応は罪悪感があって、浮気した翌日には教会に行き、司祭に懺悔するんだ。だけど彼らは、それですべての罪は消えると思っているから、その日の夜には、また別の女を口説くんだよ」

なるほど。さすがイタリア人の祖父を持つミッシェルだけあって、よく知っている。教会で懺悔するとは、実にカソリックの国らしい発想だ。しかし、「浮気の罪」ばかり告白されていたら、司祭もアホらしくて聞いていられないに違いない。

イタリアの司祭様も、さぞや忍耐強いことだ。それ以上に、毎日大勢の「浮気の罪」を許しているキリストは、本当に寛大な精神を持った神である。

もし仏教徒やイスラム教徒が浮気をしたときには、お釈迦様やアラーに許しを請えば罪は許してもらえるのだろうか?

多分、男の勝手な倫理からすれば、許してもらえるのだろう。

神様というのは、本当に大変だ。アーメン!!

2. なぜか日本の「満員電車」に多い痴漢

満員電車は痴漢天国

ところで、イタリアではモテる私も、日本に帰ると途端にモテなくなる。まるで、魔法の解けたシンデレラ状態だ。イタリアから日本に帰国した当初は、自分が「モテる」と錯覚を起こしているため、「一体、この差は何なんだ⁉」と腹が立ったりもするが、しばらくすると、これも「お国柄の違い」と諦めるようになる。

そのかわり、日本で女性が圧倒的に経験することは、公共の場所や職場でのセクハラである。残念なことだが、日本ではナンパがないかわりに、男性のネガティブな性的行動が目立つような気がする。その代表的な例が、電車の中の痴漢だ。この点に関して、私は、イタリアでの体験とは一味違う「気持ち悪いエピソード」が数々ある。

若かりし頃の話だが、通学や通勤に電車を使っていた頃、私は毎日のように痴漢に遭っていた。巨乳とはまったく無縁で、グラマーとは程遠い私の身体を触りたがる痴漢もいるとは、かなりの「モノ好き」だと、家族や友人にからかわれていた。

しかし、一般の人々が想像する以上に、日本は本当に痴漢が多い。特に、夏はひどかった。

薄着になるため、その感触がよく分かる。

痴漢の場合、「ただ手が当たっているだけ」とは明らかに指の動きが違う。微かだが指先が意図的に肌を撫でるような感じがする。けれども、すし詰めの満員電車では、後ろから触られると、誰が触っているかまったく分からない。

そのため私は、犯人とは違う男性を睨みつけてしまったり、無実の男性の足をヒールの高いパンプスで踏みつけてしまうこともしばしばあった。

私は、満員電車でスーツ姿のビジネスマンに囲まれると、「もう終わりだー」とよく覚悟した。ビジネスマンの男性が全員痴漢という意味ではない。服装がよく似た他の男性たちに紛れて、女性の体を触ろうとする悪い輩が、必ず一人、二人紛れ込んでいるということである。よく似た服装の男たちに紛れていれば、たとえ痴漢がバレても、顔を覚えられる心配はないし、他人に罪を被せやすくなる。だから、痴漢する男は、なるべく自分が目立たない場所を選ぶのである。

痴漢は、毎朝、毎朝、ターゲットになりそうな女性をホームで見つけ、さりげなく同じ車両に乗り込み、ひそかに女性に近づいて周囲に気付かれないように体を触ったり、もっと酷いケースでは、自分の股間を女性の身体に押し付ける者もいる。

それは、痴漢にとって「ささやかな朝のレクリエーション」であり、秘密めいた行動によって「ささやかなスリル」を楽しんでいるにすぎない。「普段の顔」と違った「別の顔」の自分に、痴漢をする人間は陶酔しているのだ。

痴漢に遭う覚悟で毎朝電車に乗っていた私も、さすがに我慢できなくなって座席指定の特急電車に換えた。しかし今度は、毎朝同じ時刻の座席指定の車両に乗る中年ビジネスマンに、ストーカーされるようになってしまった。

そのストーカーは、毎朝わざわざ私の近くの座席を指定し、勝手に私の手帳の中を覗き込んだり、職場の場所や友人関係をチェックして、電車や駅以外の場所でも偶然を装って私に付きまとう。とにかく気色悪くて仕方なかった。

私は幸い、そのすぐ後に転職して、「悪夢の満員電車」からは開放されたが、以来、私は「満員電車恐怖症」に陥り、なるべく利用しないようにしている。

増える痴漢冤罪

昨今、日本では痴漢の検挙率が高まるに連れて、「冤罪事件」も問題になっているようだが、痴漢が多発していることに便乗して、何もしていない男性に痴漢の罪を被せ、金を巻き上げようとする女性がいることには、大変腹が立つ。こういう卑劣なことをする女は、男性の敵であるだけでなく、女性の敵でもある。

世の中には、本当に痴漢に遭って、困っている女性も多いのだ。男性から破廉恥なことをされて、恥ずかしくて泣き寝入りしている女性や、精神的にとても傷ついている女性だって大勢いる。それなのに、わざわざ「痴漢の冤罪」を作るような行為をするのは、世の中の本当の痴漢に逃げ道を与えているようなものである。

だから、わざと男性を痴漢に「でっち上げる」ようなマネをするのは、絶対に、やめて頂きたい。そうした軽い気持ちの犯罪が、冤罪にされた男性の人生を狂わせるばかりでなく、それ以上に、本当の痴漢被害者の女性たちを苦しめていることを忘れないで欲しいのだ。

海外では意外と少ない電車の痴漢

しかし、なぜ日本には「痴漢」がこんなにも多いのだろう？　不思議なことだが、私は外国で電車に乗っていて、痴漢に遭ったことは一度もない。イタリアでさえ、電車に乗っていて「ナンパ」をされたことはあるが、痴漢に遭った記憶はない。

若い頃から、ヨーロッパ中のさまざまな鉄道路線を一人で乗り回り、その上、主要な都市の地下鉄、バス、市内電車などもラッシュアワー時に頻繁に利用しているが、やはり痴漢に遭った経験だけは一つも思い出せない。

それよりも、イタリアをはじめ海外の電車の中では、スリや泥棒の方が圧倒的に多く、よく現地の人から、財布や荷物を盗まれないように、いつも注意されている。旅先で知り合った人たちからも、電車の中で財布やパスポートを掏られたとか、浮浪者にお金を無心されたとか、そういう話は何度も聞かされた。でもまだ、電車内で痴漢という情報だけはない。

そのかわり、海外の電車の中では、やたらとカップルが堂々とキスしていたり、抱擁したり、イチャイチャしている光景が目につく。それは、若者ばかりではない。熟年の年配カップルでも、堂々とそんなことをしている。そんな彼らの大っぴらな恋愛行動に、シャイな日本人である私は、視線をどこに向けたらよいのか分からず、いつも戸惑ってしまう。

海外、とくに欧米では、日本の満員電車のようなまったく身動きのとれない「すし詰め」が少ないから、痴漢が少ないという指摘もある。また、欧米人は他人同士の肌と肌が接触することを好まないから、たとえ満員の電車でも乗客同士は一定の距離が保たれ、必然的に電車では痴漢ができない環境にあるとも考えられる。けれども、理由は本当にそれだけだろうか？

確かに、物理的な要因として、日本の満員電車の劣悪な環境が痴漢を誘発しているともいえないこともないが、どんなに痴漢しやすい環境だって、みんなが痴漢をしようと思わなければ、痴漢は絶対にないはずだ。だから、痴漢を誘発している本質的な原因は、もっと違ったことにあると思う。

日頃、満員の通勤電車内が、無意識のうちに、仕事や家庭でフラストレーションを溜めた日本人男性の「ストレス発散の場」になっているのではないだろうか。

日本の電車内の雑誌の広告記事も「性」をテーマに取り上げたものが堂々と貼ってあるし、男性がよく車内に持ち込んで読んでいるスポーツ新聞や週刊誌などにも、一面大きく女性のヌード写真が掲載されている。それらはみんな、男性の性欲を刺激させるものばかりで、それが「電車」という公共の場所に集まっていること自体、何だか異様に見える。

ノーマル感覚の人なら、人前でそういったものを目にすること自体、恥ずかしいと普通は思うだろう。ところが、日本の電車の中では、女性がレイプされているようなシーンのある漫画を平気で読んでいる男性がいることには、大変驚かされる。

通勤電車の利用は男性が多いから、「男性向け」の広告が貼られたり、男性が喜びそうな内容の新聞、雑誌が売られていることは当然だ。公序良俗に反するような内容でなければ、それが取り立てて悪いことだとは決して思わない。実際、猥褻的なものを目にしている男性ばかりでなく、経済新聞や、小説、仕事の書類等を手にしている男性だっている。

しかし、そうした電車内の雰囲気から見えてくるものは、毎日仕事に行き、自宅に戻るだけの空虚な日常生活の中で、唯一、通勤電車の中だけが、仕事で疲れた男性たちの「本当の自分」に戻れるわずかな時間と場所になっているのではないかということだ。

日本人男性が痴漢をする理由

日本人男性は、社会の中で、自分が男になる機会が極端に少ない。すでに男なのに、「男になる」なんて変な表現かもしれないが、日本では、まず「男」である前に、社会的に何者かであることが求められ、子供の頃から、そうなるように教育される。

本来は「男」であり、「人間」であるのに、職場では、上司であり、部下であり、社会人であり、家庭では、父親であり、息子でなくてはならない。

どんなに魅力的な女性と接する場合でも、公の場面では、「男」としての意識を捨てて、相手の女性と向き合わなくてはならない。「男としての自分」を意識できる時間は、風俗店に行ったり、恋人の女性と一緒にいるときぐらいだが、それだって毎日というわけにはいかない。

それ以外の場合は、常に自分が「社会の歯車」でなくてはならず、男性が「自分」に戻れる時間は非常に限られている。イタリア人男性のように、呑気に、一日中「男」としての自分を意識し、固持し、暇さえあれば女性を「ナンパ」するために、常に「男らしさ」に磨きをかけて生きていられるわけではないのだ。

そんな中で、不特定多数の見知らぬ人間が多く乗車している電車の中は、職場からも、家庭からも、唯一解放される場所になっていても不思議ではない。もちろん、満員の通勤電車なんか大嫌いな男性は多いだろう。電車を通勤に使っているほとんどの男性は、本当は電車なんか乗りたくないと思っているかもしれない。

しかし、皮肉なことに、そんな大嫌いな通勤電車の中だけが、社会の中で一番「孤独」になれる場所であり、会社や家庭の柵から離れて、「自分」に戻ることのできる「密かな場所」となっているような気がする。そのため、痴漢のみならず、見知らぬ人間同士が、つまらないことをきっかけに喧嘩や殺人といったトラブルを引き起こすのも、駅や電車の中である場合が多い。

そのキレた原因を聞けば、決まって「職場でのストレスが溜まって苛々していた」という内容である。家庭でも、職場でも発散できないフラストレーションを、家庭でも、職場でもない場所で「自分」に戻った瞬間、何気なく「他人への八つ当たり」という形でぶつけてしまうのだ。

痴漢もまた、不健全な性感覚を持った一部の男性たちが、日頃のフラストレーションを発散させるために、見知らぬ女性の体を触ったり、手鏡でスカートの中を覗き込んだりして、「ささやかな人生の喜び」を見出しているに過ぎない。

こうした問題が起こるたび、マスコミは現代人のモラルの低さやマナーの悪さばかりを取り上げるが、このような不健全な人間を増やしている現代社会の在り方にも問題がある。痴漢や、突然にキレる男性たちの肩を持つわけではないが、こうした現象の背景には、人々がストレスを抱きやすい日本の社会体質が大きく関係していることは否めない。人間は、「ロボット」ではないからだ。

「男」としての自分は二の次で、社会人としての責務ばかりを押し付けられ、自らの性的欲求や人間性を押し殺さなければならないとしたら、人間がゆがんだ精神を持ち、ゆがんだ行動をするようになるのも当たり前だろう。痴漢は、理性と欲望の間で生じるいびつな性衝動だからだ。

熟女嫌いな日本の男たち

ところで、日本にいても、「私、痴漢に遭ったことがない」と豪語する女性もいる。

例えば、私の母。彼女の若かりし頃はどうだったか知らないが、少なくとも結婚してからは、この世の中に「痴漢がいる」とさえ信じていないようだ。

ときどき新聞記事に、警官や教師が「強制猥褻で逮捕」と書かれていても、「本当かしらねぇ〜。私には信じられない」と半信半疑な顔で、アンパンをかじりながら、呑気なことをいっている。

一般的に日本の痴漢は、中高年女性や外国人女性をターゲットにしないようである。

その心理を男性に尋ねてみると、たいてい「そんな恐ろしいことできるか」という答えが返ってくる。「恐ろしい」というのはどういう意味なのか？ 世の中には「熟女の魅力」という言葉もあるが、それが日本人男性にとっては「恐ろしい」ことらしい。

また、欧米人のように背の高い大柄な女性も、あまり痴漢のターゲットにはならないようである。日本人男性は概して、「強い女性」が苦手なようで、「報復」を恐れてこういう女性には手を出せないようである。そういえば、最近、私も痴漢に遭わなくなった。

私は、満員電車に乗らなくなったこともあり、「日本には痴漢が少なくなった」と思い込んでいたが、女友だちの体験談などを聞いていると、どうやらそうではないらしい。私も痴漢のターゲットから外されるようになっただけのようだ。

それを母や友人に話すと、みんな、「アンタも齢なのよ」と強烈な一言。これもまた、「恐ろしい話」。痴漢に遭うのは嫌だが、自分が「女」として世間から見られなくなるのも……。

「女」の心境は複雑なものである。

ところで、日本でも痴漢ばかりでなく、「ナンパ」をされたことがないわけではない。

東京の銀座を歩いていたところ、場所柄に珍しく、交差点で大学生風の若者二人組が道行く女性に声をかけていた。

ホストクラブや新興宗教団体の勧誘といった感じではなく、何やら純粋に「遊び相手」を求めている様子だった。私が近づくと、一人がニコニコしながら「今日、暇ですか？」と声をかけてきた。しかし、次の瞬間、別の一人が少し離れた場所から大声で怒鳴った。

「おい、やめとけ！　それはオバサンだぞ！」

その声と同時に、私に話しかけようとした若者は、まるで悪魔と遭遇したような顔で慌てて逃げ出して行ってしまったのである。まったく、失礼な！

第二章　キザで図々しいイタリアの男、ダサくて口下手な日本の男

1. イタリア男性の古典的ナンパ術

劇場型!? シェークスピア流ナンパ術

イタリアを観光したことのある女性なら誰でも気づくと思うが、イタリア人男性は気に入った女性を見かけると、人前でもかまわず、じっと絡むような視線を投げかけてくる。それはもうナンパの兆候。その視線は、情熱的で、甘ったるく、女性の方が恥ずかしくなるほど大胆だ。偶然のチャンスを生かすことが上手いイタリア人男性は、わずかでも相手の女性と視線が絡み合えば、すかさず声をかける。

「ボン・ジョルノ（こんにちは）。君、どこから来たの？　旅行者？　日本人？　ボーイフレンドはいるの？　時間があったら、僕とカフェでおしゃべりしないかい？」と、こんな調子である。

一見、厳しい顔つきの多いイタリア人男性だが、ナンパのときには、老いも、若きも、見事なスケベ面だ。女性の方がためらっていても、決して引き下がらないのが、イタリア流。あれやこれやと、相手の女性が自分に興味を示すまで、食い下がろうとする。

「これは、ほんのささやかなロマンスだよ。僕は君に一目惚れしてしまったんだ。それとも、君は僕のことが嫌いなのかい?」

しつこい。とにかく、しつこい。女の心を捉えようとするとき、彼らは、「羊の皮をかぶった狼」から、「狼の皮をかぶった羊」に変身する。羊から狼ではない。マッチョな外見からは想像つき難いほど、やさしくなる。

ここが、他の国の男性と少し違うところだ。「羊の皮をかぶった狼」なら、世界中にウヨウヨいるが、その逆は、稀である。「一見、怖そうな人だけど、実はやさしいのね」と女性に思われることは、実はナンパではかなりポイントが高い。

しかも、日本人には古臭いとしか思えないようなロマンティクな演出だって、イタリア人にとって、ナンパの不可欠な要素である。街角での出会い頭によるナンパであっても、彼らは「君は天使のように僕の前に現れた。だから、僕と君が出会ったことは運命なんだよ!」とか、三流恋愛映画でも使わない臭い台詞を平気で言ってのける。

さすが演劇や芸術が盛んなイタリアである。その台詞も、仕草も、まるでオペラを観ているような、「完全劇場型」。いくら「ロマンティック好き」な女性でも、これはちょっと滑稽だと思えるくらいなのに、彼らは、とても大真面目だ。

以前に、私を街角でナンパしてきたイタリア人男性に、「シェークスピアの芝居しているみたい」と指摘すると、「知ってるかい?　シェークスピアはイギリス人だけど、『ベニスの商人』

も、『ロミオとジュリエット』も、他の作品もみんなイタリアが舞台なんだぜ。俺はロミオで、君がジュリエット……。だから、俺と付き合わないか？」という返答が戻ってきた。

（一体、シェークスピアの作品とナンパ、どういう関係があるというの？）

時として頭の固い私には、イタリア人男性の「エクスキューズ（弁解）」が不可解に感じられ、都合よく丸め込まれているか、はぐらかされているような気がしてならない。だが、彼らの考え方の柔軟さというか、「つじつま合わせの上手さ」には、いつも脱帽させられる。

小泉元首相は「劇場型政治」を得意としていたが、彼に女性を手当たり次第ナンパさせたら、政治以上に得意かもしれない。彼なら、イタリア人男性に十分太刀打ちできるだろう。

（失礼。わざわざナンパなんかしなくても、十分女性にモテる数少ない日本人男性であることを忘れていた。小泉さん、ゴメンナサイ）

ナンパ上達の秘訣は努力とレッスン

私はベネチアのあるカフェで、ドミニコと名乗る中年男性に頼まれて、二時間ほど日本語会話のレッスンをしたことがある。

彼は、旅行代理店の仕事をしていて、日本人観光客の相手をしなくてはならないので、どうしても日本語を覚えたいという。そんな彼の熱意に負けた私は、暇つぶしにレッスンを引き受けた。彼は、観光客向けの簡単な日本語フレーズだけを教えてくれればいいというから、別に何の問題もないように思えた。

「こんにちは」、「こんばんは」、「はじめまして」、「お元気ですか?」といった簡単な挨拶フレーズから始まり、「あなたは何が好きですか?」とか、「あなたは何が食べたいですか?」といった疑問形の文章まで、彼はすぐに覚えた。もちろん丸暗記で、発音には少々苦労していたが、ヨーロッパ人は、外国語を習得するのが驚くほど早い。

ところが、レッスンが進むにつれて、彼は自分の覚えたい台詞を日本語で教えて欲しいと言い出した。それも、日本人は滅多に口にしない「上級者用のナンパ台詞」である。

「私は、あなたに恋をしました」

「私は、あなたを心から愛しています」

「あなたは、バラの花のように美しい」

「あなたは、イタリアの太陽のように輝いています」

「私と、今晩デートしましょう」

「私と口づけして下さい」

(一体、こんな臭い台詞、日本では誰が使うのだろう?)

こんなフレーズは、日本人だったら恥ずかしくて、どんなに愛している相手にだって絶対に言えるものではない。

私は思わず「日本人は、女性に対して、絶対にこんなことは言わない」と彼に強く抗議したが、彼は、全然私の言うことなど聞く耳を持たない。それどころか、「そんなこと、どうだっていいんだよ。僕が覚えたいだけだからね」と言い張る。

仕方なく、私が恥を忍んでそれを教えると、彼は、「ワタシハ、アナタヲ、アイシテマス」、「アナタハ、トテモ、ウツクシイ」など、何度も、何度も、繰り返し大声で発音練習して、わずかな時間で丸暗記してしまった。偶然オープンカフェの横を通りかかった日本人観光客の女性たちは、彼のそんな日本語を聞いて大笑い。私は穴があったら入りたいほど恥ずかしかったが、ドミニコはとても満足している様子だった。

彼の持参したノートには、そうした「臭い台詞」の日本語がびっしり書かれ、まるで大学の講義ノートを連想させる。それにもかかわらず、私が受け取った授業料と言えば、カプチーノ一杯と、ケーキ一切れだけ。なんと安い授業料だろう。日本人女性に対するナンパの極意を教えたのに……。

(これが本当の「極意」と言えるかどうかは分からないが、真面目な日本語教師だったら、絶対にこんなこと教えないぞ)

それにしても、イタリア人のナンパに対する努力と熱心さには、心から感服するばかり。

（ドミニコさん、日本人女性のナンパに成功したなら、ぜひご一報を！）

褒め技と冗談がナンパの決め手

ちなみに、イタリア人男性のナンパのもう一つの特徴。それは、とにかく女性を大袈裟に褒めまくることである。なぜか会社の上司の太鼓持ちは大の苦手な彼らだが、女性の太鼓持ちなら大得意で、そこが日本人男性の性質と大きく異なるところである。

「君はまるでトップモデルみたいだね。ナイスボディだけど、何かスポーツでもやっているの？」とか、「その服もとってもセンスがいいね。どこのブランドだい？」と、およそ逆立ちしたって、モデルやブランドの洋服とは無縁にしか見えない女性に対しても、このくらいの「褒め言葉」を並べるのは朝飯前。自分の母親に対してさえも、こうした褒め言葉を口にして、日頃からご機嫌をとっている。

もちろん、イタリア人男性のこんな臭いお世辞を鵜呑みにする女性は少ないと思う。「どうせお世辞でしょ？」とか、「今日は何人の女に同じことを言ったのかしら？」と思う女性も多いだろう。イタリア人男性のその調子の良さに、「よくもまあ、こんなことを真面目に言えるものだ」と呆れ返り、笑ってしまうことだってある。

けれども、女性の場合、それがお世辞かどうかなど関係なく、男性から「きれいだ」とか、「素敵だ」と言ってもらえることが嬉しいのである。

これは、モテない女性でも、「自分はモテる」と勘違いさせる魔法の呪文みたいなもの。褒め言葉をかけてもらえるということは、女性にとって、自分が女性として認めてもらっているという証でもあるからだ。

褒め言葉に有頂天になるのは、女性の悲しい性《さが》でもある。


こうして、一度狙った獲物は決して外さないのがイタリア人男性。警戒する女性に対しても、「そんなことないよ。僕は真剣なんだ」と喰らいつく。相手の女性に無視されようが、疑われようが、嫌われようが、お構いなし。とりあえずアタックする。それは、まるで「特攻隊精神」だ。イタリア人男性は、見知らぬ一目惚れの女性に対して、即興的に、難なく、「ナンパ」をやってのけることに、少しの「ためらい」も感じられない。

日本人男性に限らず、世界中のどの男性でも、男性が女性にアプローチするには、少なからず「後ろめたさ」や「恥ずかしさ」といった感情を持つものだが、イタリア人男性に限っては、いささかもそのような様子はない。それどころか、至って素直に、堂々と、自分の「思い」や「願望」を言葉や態度で表現する。その積極性には、「ナンパ」された女性の方が面食らってしまうほどだ。

だが逆に、これほどストレートだと、あまり陰湿さを感じなくなる。男性からこういう態度をとられると、女性は心の中では、「下心ミエミエね。どうせ私とベッドインしたいだけでしょ」と分かっていても、ナンパをしてきた相手に嫌な感じは受けないものである。

たとえ恋に落ちなくても、女性は自分が「モテる」と思うだけで、自分の虚栄心が満たされ、魅力的で、洗練された女になった気分になる。ナンパで肝心なことは、とにかく女性を崇めることだ。

次に、イタリア人男性のナンパでよく使われるのが、「ジョーク」。これについては、「もう、付き合いきれないわ〜」と呆れてしまうほど、私はうんざりさせられている。

そもそも、真面目な会議や授業の最中でも、会話が脱線し、冗談を連発しているイタリア人だから、ナンパで言わないはずがない。それも、強烈な「オヤジ・ジョーク」だから、こちらがお世辞笑いするのに大変苦労してしまう。

日本人なら冗談が一度「スベる」と、恥ずかしくなって二度と口にしなくなるものだが、イタリア人の場合、スベッても懲りずに、何度も何度も、次から次へと、連発するのである。本当に懲りない人種だ。当然、それは女性を楽しませるために言うのだが、親しくなり始めると、下品なジョークも飛び出してくる。

イタリア語で「乾杯」は、「チンチン」。当然、この言葉だけでも日本人には違和感があるのに、誰から教わったのか、酔っ払ってわざと「おチンチン！」と言って、私にワイングラスを傾けてきたイタリア人男がいた。私が「しかめっ面」して笑わないと、繰り返し、繰り返し、笑うまでやるのだ。こちらは全然面白くもないのに、しつこい……。

それから、オーストリアの下宿先で私の隣人だったイタリア人学生たちから「僕の部屋はいつでも君のために開いています！」という日本語フレーズを教えてくれと頼まれたことがあった。彼らは、自分の部屋の玄関ドアに二十ヶ国語以上でこのフレーズを書いた紙を張り出し、世界各国のガールフレンドたちを部屋に連れ込んだときのジョークのネタに使っていたのである。勉学よりも、せっせとナンパに励んでいたイタリア人学生だったが、おかげで毎夜、隣室から聞こえる笑い声と愛を交わす声に、こちらは不眠症……。

イタリア人のジョークといえば、もっと最悪な経験が私にはあった。

私はイタリア人男性二人組から「カツオ」という言葉を教えられた。彼らは、「日本ではツナのことをカツオと言うんだろう？　イタリアにも、同じような名前の魚がいるんだ」というので、私はてっきり魚の「カツオ」を連想して、イタリアでも同じ名前の魚がいるのだろうと誤解してしまった。すると……。

魚は、魚でも、それは人間の股間についている「魚らしきもの」のことだった！　そんなこととは到底知らなかった私は、ある日、別のイタリア人男性に、「イタリアでも、カツオ食べるの⁉」と尋ねて、とんでもない失態をしてしまったのである。

実は、イタリア語で「カツオ」は「おチンチン」のこと。正確には、CAZZOと書き、発音はカッツォ。けれども、日本語の「カツオ」で十分に通用する。

私が尋ねたとき、彼は顔を赤面させ、言葉を知らない、理解できないフリをして話題を変えてしまったが、「貞淑な日本人女性」からいきなりそんな言葉を聞かされた彼は、さぞや面食らったただろう。

しかも、彼はインテリな高校教師。イタリア人といえども、下品な下ネタとは無縁タイプの真面目人間なのである。以降、彼は私を避けるようになり、偶然顔を合わせる機会があっても、当たり障りのない挨拶しかしなくなった。

後で「カツオ」の意味を知った私は、前代未聞の大失態に赤面。そこに「穴」があったら、たとえ「モグラの穴」でも飛び込んでいたことだろう。私の長い人生の中でも、思い出すだけで「ゾッ」とする記憶の一つだ。

なるべくイタリア語は、ストリート（道）で覚えないように。これは人生最大の教訓である。

（私に「カツオ」を教えたヤローども、覚えておけよー！）

イタリア人は愚か？　それとも教養人⁉

ところで、イタリア人はナンパに「教養」をひけらかすことも得意である。

イタリア人と聞くと、多くの日本人はあまり知的な印象を持っていないかもしれないが、意外と博識な人が多いのだ。イタリアでは、「知性」や「教養」もナンパの武器の一つに利用されるためである。

政治、経済、語学、地理、歴史、文化、芸術、スポーツ、映画、エンターテイメント等々、自分が得意とする幅広い分野の話題を取り上げ、女性の興味を引きつけようと努力する。彼らは、女性に気に入られるためには、自分が「退屈な人間」だと思われることをもっとも恐れているから、教養ある話題もドラエモンのポケットのように蓄積しているのだ。

もっとも、それがいつも成功するわけではない。

私が知っているイタリア人青年ミヘレは、大学で日本政治を専攻し、日本人女性をナンパする際には、決まって流暢な日本語と、井伏鱒二の小説『黒い雨』の話題を持ち出している。もちろん彼は、ナンパのためではなく、本当に日本の政治や原爆体験に強い関心を抱き、その研究も熱心にしている。大の日本びいきだ。ところが自国の歴史はおろか、原爆のことなどまったく興味のないような若い日本人女性にとっては、ミヘレの教養などチンプンカンプン。イタリア人の彼は日本に対して敬意を示すために、こうした話題を持ち出しているのだが、彼の話題が高度すぎるのか、最近の若い日本女性が無知すぎるのか、結局話題がかみ合わず、彼のナンパはいつも成功しない。本当に、気の毒な青年である。

しかし、彼の「ナンパの成功率」はともかく、こうしたイタリア人男性の教養は、「オタクな男性」が、自分の関心あることばかりを話すのとは、少し違っているように思う。

オタクな男性は、自分の「オタクな知識」を延々とひけらかすことで、女性が自分に興味を示し、尊敬してくれると誤解しているが、イタリアの「女たらし」の教養は、あくまでも、女性の興味を引き、女性を退屈させず、女性を喜ばせることだけが目的だ。

そのためには、彼らは、学者にもなれば、道化にもなる。一人で何役も演じて、どうしたら女性の「愛」を勝ち取れるか、こういうことには、努力を一切惜しまないのである。

このような一面を持つイタリア人であるが、女たらしとか、陽気とか、楽天的といったイメージが強すぎて、残念なことに日本では、「イタリア人は気取り屋で、知性がない」と思われがちである。というより、はっきり言ってしまえば、「頭が悪い国民」と誤解している日本人も多い。

以前、ある有名な日本の週刊誌の「世界で一番愚かな国民は？」というテーマの世論調査で、「イタリア人」と答えた日本人が一番多かったらしい。それが、イタリアのマスコミで取り上げられ、イタリアでは何ヶ月も話題になったそうだ。

実はイタリア人は、自己顕示欲が強く、目立ちたがり屋であるため、「他人から自分がどのように思われているか」ということに敏感で、このアンケート結果によって、彼らのプライドが傷つけられたのだろう。そのため、ファビオラ・ランベッツリ氏の『イタリア的考え方』(ちくま書房)という本の中には、まず最初にそのことに対する反論が強く書かれていた。

もちろんどの国にも、頭のいい人もいれば、愚かな人もいるから、イタリア人すべてが「知的」というのではない。ただ、相対的に、イタリア人は芸術面での才能に非常に長けているし、哲学的な思考力も人一倍ある。

それは、長い歴史の中で培われてきた文化的、哲学的なことが、人々の知性や教養、生き方に影響を及ぼしてきた結果だろう。だからイタリアでは、十代の若者たちでさえ、日本の若者よりもずっと精神年齢が高く、思慮深いことに私はよく驚かされる。百聞は一見にしかず。偏見とは恐ろしいものだ。

イタリアの十八世紀の劇作家ゴルドーニは、「故郷を離れたことのない人間は、偏見に満ちている」と言ったそうだが(何かで読んだことがある)、そのとおりだ。実際、自分の目で確かめないと、一部の情報だけを鵜呑みにして、それを「すべて」だと誤解してしまう恐れは十分あるものである。

日本とイタリア、おしゃべりに関する価値観の違い

だが、日本人がイタリア人を「愚かな国民」と誤解するのは、日本人の無知によるものだけではない。日本人は、確かに井の中の蛙だが、それ以上に人間の態度に関する双方の「価値観の相違」が、日本人とイタリア人の隔たりを大きくし、日本人がイタリア人を「愚かな国民」と誤解させる原因を作っている。

どんなにもの静かなイタリア人だって、どんな日本人よりも確実によくしゃべるし、彼らは人見知りもしない。彼らは日本人と同じように、集団で群れるのも大好きで、よくグループ行動し、バーやレストランでも集団になると、いつも大声でしゃべったり、ふざけ合っている。それはイタリア人が、自分が他人から「退屈な人間」とか「月並みな人間」と思われるのを嫌がっているからだ。人前で必要以上に自分をアピールしようとするのも、彼らにとって、大事な自己表現なのである。そのため彼らは、いつも率先して自分の意見を言ったり、他人を笑わせようと冗談を連発したりする。

しかし、そうしたイタリア人の態度は、「能ある鷹は爪を隠す」ことを美徳とする日本人にとっては、かえって「愚かな国民」に映る。「物静かさ」を好む日本人には、イタリア人の「騒々しさ」や「テンションの高さ」が、いつも「低俗なお祭り騒ぎ」をしているようにしか見えないのだ。

一方、イタリア人の目には、それとは正反対に、日本人の「物静かな態度」が不気味で、不

可解で、時として「退屈な人」のように映る。とにかく、おしゃべりすることが、自己表現の一番の手段だと考えているイタリア人には、何もしゃべらないことが不可解に感じられるのだ。だから、本当は大変に頭の良い人であっても、イタリアで何もしゃべらない人は、「考えていることがまったくない」とか、「会話のリソースが足りない」と誤解されてしまう。

こうした考え方の違いは、イタリアと日本のナンパの仕方にも当然反映されている。

ナンパし過ぎて墓穴掘る

それにしても、イタリア人男性の調子の良さも少々度が過ぎる。列車の中で知り合った若いスペイン人女性が、やはりイタリアを一人旅していて、どれほどイタリア人男たちを追い払うことが大変だったか、苦手な英語で私に一生懸命に話してくれたことがあった。

「スペイン人の男も馬鹿だけど、イタリア人の男はもっと大馬鹿よ。イタリアは、どこへ行っても男が図々しく声をかけてくるの。一日に何人もよ。彼らはみんな、一日中女のことしか考えていないのかしら?」と彼女は言った。

人なつこい明るい性格で、金髪に大きな青い目をしたチャーミングな彼女は、女性から見ても美人。大勢のイタリア人男性からしつこく追い回されるのも無理はない。イタリアでも、美人の方がより一層モテるようだ。

彼女は、イタリア人男性を「図々しくて嫌い！」などと言いながらも、ナンパを面白がっている様子だった。女というものは、男にチヤホヤされて悪い気はしないものである。

ところが、彼女の話の中に一つ気になることがあった。彼女のナンパ体験談の一つが、自分の体験とあまりに酷似しているのだ。場所、状況、声をかけてきたイタリア人男性の年齢や職業、外見、そして口説き文句……。自分の体験とあまりにも酷似している……。

やがて、「彼女に声をかけた男と、私に声をかけてきた男は、同一人物？」という疑問が私の心に浮かんできた。そして、話を聞けば聞くほど、その疑いは深まるばかり……。

しかし、一つ大きく違う点があった。私に声をかけてきたナンパ男は、確かにこう言っていたのである。

「俺は日本人女性が大好きなんだ。チャーミングで、エキゾチックで、可愛いからね。俺は、ヨーロッパの女性には全然興味ないよ！」

一方、彼女をナンパした男はこう言ったらしい。

「イタリア人とスペイン人は似ている。同じラテン系だからね。愛を交わせば、きっとお互いよく理解し合えるよ！」

日本人男性の方々は、こういう「ナンパ」は絶対にマネしないで下さい！

2. オタクな日本人男性の「愛の告白」

ナンパに不利なコミュニケーション不足

近年、日本人の言語表現能力や、コミュニケーション能力が著しく衰えていると言われている。子供たちの国語の読解力も落ちていて、「ゆとり教育がいけない」という声が上がっているが、そうした言語力、コミュニケーション力、読解力の欠如といった問題から派生する「上手く人間関係が築けない」という問題は、子供の間ばかりでなく、大人たちの間でも非常に深刻だ。

テレビ、インターネット、携帯電話、新聞、書籍等々、言語を基調とする媒体なら山ほど氾濫している世の中で、人間の言語能力やコミュニケーション能力が衰えていくなど、何だか矛盾に思えるのだが、それが現実らしい。自宅に引きこもるようになり、他人との接触が少なくなった上、家族間でさえ会話が少なくなったためだと言われているが、確かに、そうした意見にも頷ける。

言語能力が衰えた、コミュニケーション能力が衰えた、人間関係が上手く築けなくなったという原因を、すべて「他人と接触しなくなった」せいにするのも、無理があるような気もするが、多かれ少なかれ環境的要因が影響していることは否定し難い事実だ。

特に、都会では何でも便利になり、一人でもまったく困らずに生きていける。買い物一つでも、インターネットで何でも手に入るし、スーパーやコンビニで店員と会話しなくても、機械的にモノを購入できる。子供たちは外で友だちと遊ばなくなっても、自宅のテレビやコンピューターの前でゲームやインターネットをしていれば、十分に楽しめる。

わざわざ人と接触しなくても、現代社会では、ある程度満たされた生活が送れる。面倒な人間関係を上手く築く努力をする必要はまったくない。「社会的適応力」さえも必要としない。

けれども、私に言わせて頂くなら、日本人が言語能力やコミュニケーション能力が落ちているのは、その努力を必要としなくなったせいだと思う。努力を必要としないで済むなら、努力をしようとしなくなる、人間の怠惰が原因だ。環境が、人間をそのように変えているのではなく、人間が環境に合わせて、自分を変えているに過ぎない。

「最近の若者は挨拶一つできない」と年寄りは嘆くが、「挨拶ができない」のではなく、「挨拶をする気がない若者」が多くなっただけだ。挨拶をしなくても、現代社会では生きていけると思っているから、挨拶をしない。たとえ「挨拶一つ」でも、社会のコミュニケーションや人間関係を潤滑にするという思考さえ及ばないので、挨拶しないのである。

話は横道にそれてしまったが、こうしたことは大変深刻な問題だ。昔から、人前で自分の意見を述べたりするのが苦手な国民として有名だった日本人が、これ以上言語能力を落としたら、一体どうなるのだろう？　こんな環境で、本当に女をナンパできるのかと心配になる。なぜなら、ナンパに一番必要なものは、やはり「コミュニケーション能力」だからだ。

自分で告白できない日本の男たち

ところで、こんな言語能力、コミュニケーション能力の欠如を反映してか、日本人男性の「ナンパ」の仕方には、あまりセンスが感じられない。センスどころか、自分から好きな女性を口説けない、勇気のない男性だって現代の日本社会には山ほどいる。

恋に悩んだ挙句、第三者に自分の恋愛の橋渡しをさせても、それがおかしいとは少しも思っていないことは、「大人の男」としては、いささか頼りない。

私も以前、職場の同僚に頼まれて、以前から私のことが好きだったという男性と「義理デート」をしたことはあるが、結果は散々だった。

その男性は、職場では勤務態度もよく、真面目な人柄で通用していたが、デートの申し込みが他人任せなら、デートのアレンジも他人任せ。私の好みまで、あらかじめ同僚が情報収集して、彼に教えていた。しかも、デートの途中で彼が何度となく席を外すと思ったら、同僚や友人に電話して、観る映画のタイトルから、夕食のレストランに至るまで、次に行く場所の指示を仰いでいたのである。

これでは、お互いを知るためのデートにはならない。もちろん、デートはその一度だけ。あまり印象に残っていないデートだったが、すべてが「他人任せ」だったことだけは、私もよく覚えている。

日本では、自分から女性をナンパするリスクを恐れる男性は意外と多い。私のケースばかりでなく、日本の女友だちから第三者を通じて男性からデートに誘われたという話は、よく聞かされる。「他人任せのデートの申し込み」、「他人任せの愛の告白」、「他人任せのデートのアレンジ」は、日本では決して珍しいことではない。だがこの方法は、女性の間ではあまり評判が良くない。

その主な理由としては、

① 自分からデートも申し込めないのは、「勇気」のない男性に見える。
② 自分で直接「思い」を伝えてこなければ、その男性の「本心」を知ることができない。
③ 第三者の意見ばかり聞き入れる男性は、「自分」がないように見える。

と、こんなことが挙げられる。つまり、何でも「他人任せ」では、その男性の人間的な良さが、まったく女性に伝わらないのである。

男性の立場としては、他人に仲介してもらった方が、たとえ相手の女性に断られたときでも、直接「NO」と言われるより、ショックが少なく、自分が傷つかずに済むかもしれない。それに、自分で「体当たり」してフラれるよりも、第三者の介入によって責任が分散されるから、相手の女性に対して、かろうじて対面を保つことができるだろう。

だが、まだ初心《うぶ》なティーンエイジャーならまだしも、「大人の男」が一番個人的な事柄であるはずの恋愛問題を「他人任せ」にして平然としていられるのは、何だか変だ。


これは、イタリア人男性がナンパで「自己顕示欲」を剥き出しにして、必死になって自分をアピールするのとは、まったく異なった姿勢である。世界では、自分から好きな女性に「体当たり」して口説くのは、至極当たり前のことだ。

イタリア人男性はいうまでもなく、どこの国の男性だって、たいていは、気に入った女性がいれば、自分でデートに誘う。相手の女性から好みや身上を聞き出すことも自分ですれば、デートプランだって自分であれやこれやと試行錯誤しながら考える。そして、相手の女性の反応を見て、その後の交際の仕方を決める。

恋愛問題を「他人任せ」にするという話で思い浮かぶのは、エドモン・ロスタン原作の『シラノ・ド・ベルジュラック』という戯曲ぐらいだ。

これはフランスの十七世紀の実在の詩人で自由思想家だったシラノ・ド・ベルジュラックが

モデルの韻文劇で、鼻が大きく醜い男であるが故に、愛しいロクサーヌに告白できず、報われない恋に苦しむという、鼻が低いことがコンプレックスの日本人にとっては、なかなか理解し難い物語である。

しかし、鼻が大きすぎて愛を告白できないならまだマシだが、日本人はそうでなくても愛を告白できないのだから、どうしようもない。

オタク男の退屈な会話

日本人男性がナンパで不器用だと感じる点は、他にもいくつかあるが、女性の前での「退屈な会話」もまた、大きな問題である。よくモテない男性ほど、自分の「オタクっぽい自慢話」を延々とするが、あれは最悪である。

漫画、インターネット、自動車、スポーツ等々、男性の好きな趣味の話をするのは全然構わないが、自分がどれだけそれに「のめり込んでいるか」を女性にアピールしようとするのは、相手が同じ趣味の「オタク」でない限り、女性を退屈させるだけで何のメリットにもならない。

先ほど、「イタリア人男性は、知性や、教養をナンパの武器にする」と書いたが、それと「オタクな話」をするのとは、話の次元がまったく違う。オタクな男性ほど「自己陶酔の世界」に入り込む傾向があって、相手が関心を抱くかどうかなど一向に気にせずに、マイペースで話し続ける。一方、女性の方は、いくらマイナーな知識をひけらかされても、退屈するだけで面白いとは思わない。

私はあまり最近の言葉が好きではないが、それでも、このようなオタクな男性には、思わず「KY（空気を読め）」と言ってやりたくなる。これなら無口な男性を気取っている方が、ずっと格好いい。自分の興味のある話ばかりして、自己満足しているだけでは、会話は成り立たないからである。知性や教養は、あくまでも、女性の好奇心を惹くために使わなければ価値はない。

ちなみに、私が「オタク」に手厳しいのには理由がある。「引き立て役」で駆り出された合コンの私の隣には、いつもなぜか口下手、オタクな男性が座っていて、かなり飽きるまで「オタクな話」を聞かされていた記憶があるからだ。

こちらが相槌を打てば打つほど長々と続くオタク話は、まるで底なし沼か、際限ないブラックホール。さりげなく話題を変えようとしても、結局、変な沈黙が流れて居心地が悪くなるだけで、また「オタクな話題」に戻るという繰り返し。こんな調子に、私はいつもフラストレーションを感じずにはいられなかった。

もちろん合コンに参加していた男性全員が、そういうオタクばかりというわけじゃなかった。「口上手な男性」も大勢いて、そういう男性が常にコンパを取り仕切り、そういう男性はいつも「一番人気」で女性に大変モテていた。そういう男性は、「さわやか」で、「格好よく」見えた。

ところが、決まってそういう男性は、私のところから「一番遠い場所」に座っていたのである。（なんで？）

ナンパと営業は同じ

女性をナンパするということは、「営業の仕事」とよく似ている。「営業」で、客を口説き落とすためには、まず相手のニーズを知り、必要な商品を用意して売り込むときの「セールスポイント」を考えるだろう。

それが新商品だった場合には、どうして必要なのか、どのように有効なのかを相手に納得してもらう必要があるし、よく似た商品がすでに出回っている場合には、他の商品とどのように違うか説明する必要がある。その段階を踏んだ上で、客がその商品を気に入り、満足してくれれば、「営業」が成功したと認められる。

ナンパもそれと同じである。商品の代わりに、自分自身をそうやって売り込めばいいだけだ。ただしそのためには、自分自身の商品価値をあらかじめ客観的に知っておく必要がある。

どんなに「俺はイイ男だ」と自負していても、セルフ・イメージだけで判断していても、相手の女性に気に入られなければ意味がない。ところが日本人男性には、そうした「計算高さ」がナンパにない。

その原因としては、最近の日本人男性が、ただ社交性が欠如しているというだけでなく、自分に自信のない「内向的タイプ」が圧倒的に増えていることにあるだろう。こういう男性は、自分に自信がないから、相手の気持ちを察する心の余裕もない。自分の得意とする知識だけで、相手の関心を勝ち取ることに必死だ。

しかし、結果的には、そうした態度が「相手を退屈させる」という逆効果をもたらしているのに、本人たちは気付いていない。ある意味、要領の悪い、気の毒な人たちである。

普段、「自分だけの世界」にのめり込んでいて、他人とのコミュニケーションを養うことをしていないから、他人の気持ちを察する能力が鈍くなり、人間関係の機微を読むのが苦手になっている。だがそれでも、何とか世の中で通用すると思っているところに、彼らの問題点がある。

社会の風潮が自由になればなるほど、普通は、積極的でオープンな男性が増えそうなものだが、日本の場合は、社会風潮とは反比例するかのように、消極的で、内向的な男性が増えていることは皮肉な現象だ。東京の秋葉原界隈にいる「アキバ系」と呼ばれる人たちを見ていても、それは明らかに、二十年前のバブル経済真っ只中にはいなかった「新種」である。

路上では、およそ大人がすることとは思えない、現実逃避した幼稚なパフォーマンスが繰り広げられ、たいてい「コスプレした女性」が、首からカメラをぶら下げた「おとなしそうな男性」を挑発しているという「奇妙な構図」だ。

それは、スペインのバルセロナや、イタリアのローマで見るような路上パフォーマンスとは明らかに質の違うもので、時代遅れな私には、最近の秋葉原が「気色悪い」としか思えない。これを「普通」と思っている人々がいること自体、私には信じられないのである。

一世代前までは、仕事人間、会社人間と呼ばれる男性の多かった日本だが、経済の衰退に伴って「日本神話」が消えた途端、今では「オタク」と呼ばれる人々が増えてきているのは、自己のアイデンティティーを確立してこなかった「日本人の宿命」みたいなものかもしれない。これは由々しき事態である。

私は、日本人男性がイタリア人男性のようになって欲しいとは思わない。日本人男性が、日本人男性であることは自然なことだし、無理に別の「何者か」になる必要もないと思っている。しかし、この究極的な「新種」を見ていると、やはり今後の日本人男性の在り方には危機感を感じてしまうのである。

男の値打ちは何処に……

現代社会における「男の値打ち」は、性格、肉体、容姿、財力、地位、学歴等々、いろいろある。でも、モテる男の基準は、古今東西、あまり変わらない。一般的に、確固たる社会的地位があって、リッチで、ハンサムな男性は、女性にモテるに決まっている。

バブルの頃、日本では、高学歴、高収入、高身長という、いわゆる「３Ｋ」と呼ばれる男性が女性に受けていたが、今は、「セレブリティ（通称セレブ）」というやつがモテている。

（平成生まれの人間は、この３Ｋという言葉を知らないだろう、フッ、フッ、フッ）

けれども、世の中には、そういう男は滅多にいない。マイクロソフトのビル・ゲイツとか、サッカー選手のベッカムとか、ハリウッドの人気俳優のブラッド・ピットとか、そのぐらい有名になれば、自分の方から女性をナンパする必要もないだろう。たとえ彼らにその気がなくても、世界中の女性の方から言い寄ってくる。

しかし世界の九十九パーセント以上の男性は、どんぐりの背競べほどの金や権力しか持ち合わせていないし、有名人でもない。女性と知り合う機会だって限られている。そうなると、普通の男たちは、自分自身をアピールして、女性に気に入ってもらうしかない。

世の中には、自分の努力不足を棚上げにして、「女に男の価値は分からない」と豪語する男性もいるが、こういう台詞を堂々と言っていいのは、映画『カサブランカ』の中のハンフリー・ボガートのような男性だけだ。

黙っていても、イングリット・バーグマンのような女性に愛されるぐらいの魅力あれば、何を言ったって構わない。けれども、モテない男性がこういう言葉を口にすると、言い訳にしか聞こえない。だったら、やはり男は、「自分の個性」で勝負するしかない。

しかし、「オタク」が個性として認められるかといえば、少し違っているような気がする。

一見オタクは、無理して個性的を装っているが、その本当の正体とは、単なる不器用で、没個性的な、「退屈の最高峰のような人種」だからである。自分に個性も自信もないからこそ、わずかな趣味や知識にすがって生きている。それ故に、人間的な魅力に乏しく、女性にモテない。だが、このオタクという新種は、もはや日本で多数派になりつつある。一見、「オタク」に見えなくても、「オタク予備軍」は確実に増殖中だ。ああ、気色悪ぃ〜！

ここで近年流行の武士道精神とか、日本人論を持ち出す気はないが、一体、日本男児はどこへ向かうのか？　女はオタクな男性に「愛を告白」されたって、全然嬉しくないぞ！

ナンパをバイアグラで試みた部長

ちなみに、女性に「ウケないナンパの事例」をもう一話。これは職場での出来事だ。

私はある日、会社の部長に、突然「バイアグラ」を見せつけられたことがある。彼は、仕事中に人目を避けて私の元にやって来て、そっとズボンのポケットから自分が普段持ち歩いているピルケースを取り出すと、それを開けて私に見せた。

「君、これが何か分かるかね？」

私は、てっきりニトログリセリンだと思って、「部長、心臓がお悪いんですか？」と尋ね返した。すると、彼はニヤリと笑い、「これはバイアグラだよ」と、小声で答えた。「ハワイに行った友人に買ってきてもらったんだ」

部長が私に、バイアグラを見せた意図は明白だった。「俺と一緒にこれを使ってみないか？」という彼の切なる不倫願望が、そのバイアグラには凝縮されていた。

彼にとっては、これは一世一代のナンパだったのである。

普通の女性なら、これをセクハラだと怒り出すところだろう。しかし、私は別のことを考えていた。私はその部長が気の毒で仕方なかった。「バイアグラを使わなければ、俺の〇〇〇は役に立たない」と言っているようなものなのである。そこで私は言った。

「早くお医者さんに行かれたらいかがですか？　△△△は早く治された方がいいですよ」

すると彼はがっかりし、二度と私にバイアグラを見せたりしなくなった。そのかわり会社内部では、「部長は△△△だ」という噂が広まった。（噂を広めたのは私です。ゴメンナサイ……）

いくら口下手でも、バイアグラを使って「女を口説く」には、やはり少し無理がある。人目を忍んで部下の女性にバイアグラを見せつけるなんて、いくらオタクでも少し陰湿なナンパだと思いませんか、部長さん!?

第三章　どちらが変態⁉　イタリアと日本、私の究極のナンパ体験

1. ベネチア、ゴンドラの悪夢（究極のナンパ体験　その①）

麗しのベネチアで下半身スッポンポン

私は、イタリアに行くたびに、ベネチアへ足を運ぶ。街中は、大小無数の運河と狭い路地が複雑な迷路のように入り組んでいて、まるで中世の世界そのものだ。

古い石畳の通路の両脇には、カーニバルで使う仮面や、色鮮やかなベネチアングラスなどを売る小さな土産物屋がぎっしり建ち並び、少し気取ったレストランの店先には新鮮な魚介類がこれ見よがしに並べられている。

大運河沿いには、かつて貿易で富を得た富豪の豪奢な邸宅が建ち並び、有名な古い教会や美しい宮殿も至る場所に点在していて、観光にはまったく退屈しない。観光客のいない静かな裏通りを歩けばイタリア人の日常の生活を垣間見れるし、サンマルコ広場のような観光地では、いつも賑やかな明るい活気が満ち溢れていて、一人旅の孤独を紛らわすのにちょうどいい。

薄暗く、陰気で、複雑に入り組んだ狭い路地が、厄介に感じられることもあるが、そこを迷いながら散歩するのも観光客にとっては面白い。自動車の騒音がないから、気分が苛立つこともない。

夕方、対岸の明かりがロマンティックにきらきら輝く海岸や運河に架かる橋の上では、愛し合う恋人たちが寄り添う光景があちこちに見られ、人気のない路地をあてもなく歩いていると、長い歴史の闇に迷い込み、埋もれてしまうような錯覚に陥ることもある。

ベネチアは、イタリアの中でもとりわけ幻想的で優美な街である。

そんな古き良きベネチアの街中で、私はキャサリーン・ヘップバーンとロッサノ・ブラッディの主演映画『旅情』を思い出しながら、サンマルコ広場のカフェでオーケストラの演奏に耳を傾けたり、日記を書きながらコーヒーを飲んだり、庶民の生活を垣間見ることのできる裏路地を散策したり、お気に入りのレストランでシーフードを食べたりするのが大好きだ。

それは、私の人生の至福のひとときである。

ところが……、私はそんなベネチアで究極のナンパに遭遇してしまったことがある。それは、私がはじめてベネチアに行き、名物のゴンドラに乗ったときのことだ。

ベネチアに着いたその日、私は夕食をとった後すぐにホテルには戻らず、一人でのんびり散策していた。夜九時に近かったが、夏だったので街中はまだ薄明るく、どこも観光客で賑やかだった。サンマルコ広場ではカフェの前でオーケストラが演奏し、リアルト橋にもたくさんの観光客が夕涼みをしていた。そんなベネチアは、初めて訪問した私には、とても新鮮に感じられた。

ふらふら歩いていると、私は運河の脇で一人の船頭（ゴンドリエーリ）に「ゴンドラに乗らないか」と声をかけられた。ベネチアといえば、やはり有名なのはゴンドラである。子供の頃、古い映画の中で恋人同士がゴンドラに乗っているシーンを見て以来、ベネチアでゴンドラに乗ることは私の憧れだった。

すぐに乗ることに決めた。一緒に乗る恋人はいなかったが、「今日は団体予約がキャンセルになったから暇なんだ。だから、君一人でも特別に乗合料金でいいよ」という船頭の言葉が魅力的だった。単純な私は、「特別」という言葉に弱いのだ。ところが、その後、私に待ち受けていたのは、とんでもない「特別サービス」だった。

最初船頭は、ベネチアの観光名所や歴史について説明してくれたり、ゴンドラを漕がしてくれたり、普通のおしゃべりを楽しんでいた。ところが、ゴンドラが観光コースからはずれ、狭い運河の橋の下に泊まるので「変だな」と私が思っていると、「Look at me（俺を見ろ）」という船頭の声がした。その言葉に後ろを振り向くと、下半身スッポンポンの船頭の姿があったのである！　船頭は、いつの間にか私の気づかないうちに、ズボンとパンツを下ろしていたのだ！　さすがイタリア人男のナンパは大胆で、すごい！　見た瞬間、私は驚きに言葉も出なかった。

やがて彼は、夜空のもと下半身スッポンポンで一人エクスタシーに溺れはじめ、酔いしれた甘い声で「Please kiss me（俺にキスしろ）」とか「You are beautiful（君はきれいだ）」とか、英語でつぶやきはじめた。その姿は、まるでシェークスピアの独り芝居を、下半身スッポンポンで演じているかのようだった。

実のところ、このとき私と船頭との間には距離があったし、私を強引にレイプしようとする様子でもなく、あまり危険は感じなかった。その上、場所が街のド真ん中だったので、本気で逃げる気なら運河に飛び込むだけだった。ところが、私が大きな声で思わず「あなたのペニス小さいわね！　こんな小さなペニス見たことない」と叫んだことで、事態は悪くなってしまった。これは私の女友だちが教えてくれた痴漢撃退の台詞である。

（友だちによれば、この台詞は男のプライドを傷つけるのに大変効果的で、こう言われた男はしばらくインポになるそうだ。だが、相手によっては逆効果になるので、この台詞を言うときは注意が必要である）

彼は自分のシンボルによほどの自信があったのか、侮辱されたことに怒り狂い、「日本人男のペニスはそんなに大きいのか」と逆ギレしてしまった。仕方なく私の方も応戦し、「日本人男性のペニスは、もっとGreatよ」と、心にもない言葉で反論した。

しかし、私たちの下品な大声の押し問答のおかげで、近くの建物の窓が開いて人影が見え、別のゴンドラの船頭も心配してやって来た。すると彼は、これまで私が見たこともない速さでパンツとズボンを履いた。恐るべき早さだった。

イタリアの男性は、日頃からパンツとズボンの上げ下げの鍛錬をしているに違いない。私はこれまで、これほどパンツとズボンを脱ぐのも速ければ、履くのも速い人間を見たことがない。

再び彼は、何事もなかったように平然とゴンドラを漕ぎ始め、「ここはマルコポーロの家です」とか「カサノバの家です」とか、しらばっくれた口調で私に観光案内を始めた。イタリア人の男は、危機に直面すると変わり身も早い。

ゴンドラを降りるとき、船頭は性懲りもなく「俺の女にならないか?」と私に尋ねてきた。私は「No Thank you」と言って、逃げるようにその場を立ち去った。すると私の後ろから、「Fuck you」という船頭の罵倒が響いた。もちろん、このときのゴンドラの料金はタダ。

もし日本でこういうことが起きれば、「夜一人でゴンドラに乗った女の方が悪い」とか「女の方に隙があった」と非難されるだろう。電車の中の痴漢に対しても、「女が挑発的な服装をしているのが悪い」と痴漢を擁護する世の中だ。

その後、私は茫然自失して、サンマルコ広場に戻った。あまりにも強烈なベネチアの洗礼を受けた私は、冷静さを取り戻すために夜風にあたる必要があった。

すると、私の様子をおかしく思ったアメリカ人観光客の男性が声をかけてきてくれた。

そして私がこの話をすると、この親切なアメリカ人男性は「日本ではどうか知らないが、こういうことはすぐに警察か観光局に言わないといけないよ。ゴンドラはベネチアの観光名物の一つなんだから、女性が夜に一人で乗ることが悪いなんて誰も思わないよ」と、親身な忠告をしてくれた。

確かに、彼の言うとおりだ。どんな極悪非道な犯罪でも、「被害者の方も悪い」という日本人の感覚の方がおかしいのだ。でも、この場合は犯罪といえるのだろうか？　別にレイプされそうになったわけでもなく、「粗悪なもの」を公共の場で見せつけられただけである。結局、私は考えた末に警察にも観光局にも行かなかった。

ところがその翌日、私がこのアメリカ人男性をボディーガードにして街中を歩いていると、昨夜の船頭とばったり街中で再会してしまった。

「あの男！」

私はとっさに追いかけようとしたが、船頭も私が「男連れ」であることに気づくと、観光客の人ごみの中にすばやく逃げて行ってしまった。さすがフェラーリの国……。イタリア人の男は、パンツとズボンの脱衣だけでなく、「逃げ足」も天下一品に速い。

これも「ナンパ体験」というのだろうか。以前、どこかの自動車メーカーのTVコマーシャルで、「イタリアの男が速い車を好きな理由」というキャッチフレーズがあったが、最近私はその意味がしみじみと分かる気がするのである。くわばら、くわばら。

イタリアの変態事情

こんなイタリアだが、実は性犯罪の割合は、先進国の中ではあまり高くない。彼らの大胆なナンパも、「変態行動」に限りなく近いイタリアだが、性があまりにもオープンすぎて、逆に陰湿な性犯罪が起こらないという意見がある。

それも、「当たらずとも遠からず」である。基本的には、レイプするよりも、ナンパするというのがイタリア人男性の流儀で、女性関係に対して多少のモラルを欠いていても、それがイコールすぐに「性犯罪」に繋がらないのがイタリアのようだ。

イタリア人男性の場合は、どんな女性に対しても、一応「承諾」を得てからセックスに持ち込もうとするので、いきなり強姦するようなことは滅多にない。それに、たとえ「変態」がいても、行動が大胆すぎて、私の体験の中のゴンドリーエのように陰湿さがあまり感じられない。だが、どこまでを強姦というかは、男女の認識の違いや、お国柄の違いもあるので、一概には断定できない面はある。

昔の話だが、イタリアで、数人の若い日本人女性たちが、一人のイタリア人男性に強姦されたと一斉に告発した事件があった。その数人の日本人女性は、そのイタリア人男性に誘われて、彼の自宅までついて行き、そこでセックスを強要されたというのだ。

それを聞いたとき、私はその事件に対して何だか変な印象を持った記憶がある。その日本人女性たちが、一度にそのイタリア人男性の自宅へ押しかけてそうなったのか、あるいは、一人ひとり個別に行って、そうなったのか詳細は分からないが、とにかく、女性が男性に誘われて食事をOKしただけでも、セックスをOKしたと思われるヨーロッパで、男性の自宅まで行って「レイプ」されたとは、何だか合点のいかない話に思われた。

真相は当事者にしか分からないが、この事件は強姦というよりも、日本とイタリアの男女交際に対する意識の違いから生じた悲劇だったような気がする。

確かに、その男性には「日本人フェチ」といったような変態性があったのかもしれない（そういう性癖のあるイタリア人男性はかなり多い）。だが、よく知らないイタリア人男性の自宅まで軽率について行ってしまった日本人女性たちの方にも落ち度があったように思われた。

その後、このイタリア人男性が強姦罪に問われたかどうかは分からないが、少しは懲りて、日本人女性を安易にナンパするのは止めたことだろう。日本人女性たちも高いツケを支払ったが、かろうじて無事で、海外での男女関係の難しさを勉強したことだと思う。

ナンパより怖い犯罪だらけ

ちなみに、イタリアは性犯罪よりも「お金」がらみ、マフィアがらみの犯罪発生率の方がはるかに高い。スリ、置き引き、引ったくり、偽警官、車上狙い、麻薬、暴力など、このような犯罪は日本とは比べようもなく、巧妙で、残忍なケースも多い。性犯罪に比べると、こちらの方は際立って危険だ。

ナポリの下町出身の友人の話では、彼は小学生のときに父親からサバイバルナイフを護身用としてプレゼントしてもらったそうだ。泥棒、喧嘩、殺人が当たり前の地域に住み、成人する頃には同級生の半分が、殺されたか刑務所に入っているそうである。また、イタリアでは近年急増する出稼ぎ外国人移民によって、こうした犯罪に拍車がかけられている傾向にある。

記憶に新しいところでは、二〇〇七年十月にローマでルーマニアからの移民男性にイタリア人女性が強盗レイプ目的で惨殺される事件があったが、その年ローマでの重大犯罪の半数以上がルーマニア人移民によるもので、それもロマ民族（通称ジプシー）によるものだった。

ちょうどその事件の二ヶ月前にイタリアにいた私は、イタリア人の友人から「ルーマニア人は貧しいから、一ユーロを盗むのに平気で人を殺す。金持ちに見える日本人はターゲットになりやすいから、くれぐれも気をつけろ」と忠告されていた。

しかし私は、それにも拘わらず、平気でローマの街を一人深夜まで無防備に出歩いていた。だから帰国して間もなく、その事件のことを知ったときには、さすがの私もイタリアの移民による犯罪の現状を知って、かなりぞっとした。

この事件のことを考えると、満天の星空の下、ロマンティックに揺れるゴンドラの上で、大きく両手を広げ、下半身スッポンポンで、あっけらかんと「キス・ミー・プリーズ」と言った変態ゴンドリエーリが、可愛らしく思い出されたほどだ。

外国人移民に関する問題は、イタリアに限らず、ヨーロッパ諸国全体で深刻な問題になっていることは、すでに周知の事実だろう。イタリアでは東欧系ばかりでなく、このところアフリカ系の密入国した不法移民が急増して、その取り締まりも強化されている。

差別、貧困が引き金になって、それが暴動と化していく光景を私も目撃したことがあるが、移民問題の根深さは先進国と後進国の経済格差問題やグローバリズムと相まって、明らかにヨーロッパを蝕んでいることは否定し難い。

だが、これは国際情勢や人権問題、先進国の安価な労働力確保といった経済問題も絡んでいるので、すぐには解決し得ない問題だろう。グローバリズムも「良し悪し」があるものだ。

話は横道に逸れてしまったが、イタリアでも節度を知らない「変態男」は結構多い。あっけらかんとしたイタリア人の変態ぶりは、日本人より大胆で、度肝を抜かされることもある。

イタリア変態男の「パンツの中身」を見てみたいと思う人は別だが、イタリアに行かれる若い女性の方々はくれぐれもご用心を！

2. ストーカーに走る日本人男性（究極のナンパ体験 その②）

ネクラな日本人男出現！

ところで私は、同じ頃やはりイタリアのベネチアで、日本の男性からナンパどころか「ストーカー」された経験がある。私がまだベネチアの街に不案内で、真面目そうな日本人男性に道を尋ねたのがきっかけだった。

その日本人男性は、一見、おとなしそうな普通のサラリーマンだったが、私を道案内するフリをしてわざと人気のない路地に連れ込み、道に迷って地図を広げる私の身体に自分の身体を摺り寄せてきたのである。

驚いて彼を見ると、「ここはイタリアですよねぇ。ロマンスが溢れているんだろうなぁ。イタリアじゃあ、男が女性にこういうことをするんですよね？」と突然耳元で不気味にささやき、私に抱きつこうとしたのである。彼の突然の豹変ぶりに驚き、思わず私は、「気持ち悪ーい」と心の中で叫んだ。本当に気持ち悪くなった私は、当然その男性をその場に置き去りにして、自力でホテルに逃げ戻った。

しかしその翌日と翌々日、私は自分のホテルの場所を教えたわけでもないのに、なぜかその男性がホテルに訪ねてきた。その上、私が居留守を使っても、その男性は、何時間も、何時間も、ホテルの前で私を待ち続けている……。

仕方なく、私はフロントのお兄さんに事情を話し、裏口から逃がしてもらった。

そのフロントのお兄さんは、この異常な日本人の男女間の事態を面白がっている様子で、その日本人男性を追い払うのに快く協力してくれた。彼は、その「ストーカー日本人男性」に、私がチェックアウトしたと嘘をつき、「これ以上ホテルの前にいたら、警察を呼ぶぞ」と脅してくれたのである。彼は渋々立ち去り、二度と私のホテルの前には現れなかった。

そのとき私は、生まれてはじめてイタリア人男性に感謝した。いつもイタリア人男性には迷惑ばかりかけられている私だったが、このときばかりは、その男性が十字軍の騎士のように頼もしく思えた。イタリアで、イタリア人男性にはよくナンパされた私も、こういった「ストーカー」ははじめての経験だった。それも同じ日本人に……。それは、大変なショックだった。

その後、その日本人男性がどうなったか知らないが、今振り返れば、彼は女性を誘うことが下手な上に、異国にいる孤独感に耐え切れず、ストーカー行為に走ってしまったに違いない。本人はストーカーしているという認識さえなかっただろう。

彼の人間的不器用さには同情するが、陰気さでは「下半身スッポンポンで愛を叫んだ変態ゴンドリエーリ」より勝っていたように思う。

ストーカーだらけの日本

日本では、痴漢と同じくらいストーカーも多い。それが引き金で、凄惨な殺人事件に至ることもあるのだが、このことに関して警察は、「事件にならないと動けない」と逃げ腰なのが一般的だ。ストーカーの場合、日本ではなぜか「個人的な私情のもつれ」という見方をされてしまい、ストーカーする側に同情的な場合もあれば、ストーカーされる側にも責任があるという捉えられ方をする。

特に、男性は男性ストーカーに対して、女性は女性ストーカーに対して同情的になる傾向にあり、同性の友人がストーカー行為に走った場合においては、「お前に思わせぶりな態度をとったんだから、あの女の方が悪い」とか、「あなたをもて遊んだのだから、あの男の方が悪い」といったように、ストーカーする側よりもストーカーされている被害者側が非難されることも少なくない。

女友だちから、別れたはずの彼氏に一ヶ月近く自宅の前で行動を見張られた上、外出先でも付け回され、やはり警察沙汰になったという話を聞いたことがある。しかし彼女もまた、そのことを知り合いの男性に相談しても、「あいつの思いつめた気持ちも分かってやれよ」と別れたボーイフレンドの肩ばかり持つようなことをいわれた挙句、ストーカー被害に遭っているはずの彼女の方が、まるで悪女のように扱われたと憤慨していた。

日本人は、ストーカー行為にまで至るという思いつめた心情に同性として同情的になるようだが、ストーカーはストーカー。あくまでも犯罪行為であることは忘れないで欲しい。

こうしたストーカーが多いのも、やはり日本人男性の「対人関係に対する不器用さ」というものが影響していることは否めない。前章でも書いたように、素直に自分の気持ちを言い表せない内向性が、日本人男性の女性に対する接し方をゆがんだ形にしている。

日本では、性犯罪の件数について数字上はイタリアより少ないが、性犯罪に対して女性が「泣き寝入り」してしまうケースが多いので、その数字が実態を正確に反映しているとは考え難い。それにイタリアよりも、性犯罪の質も陰湿化している。特にストーカーの場合には、相手の女性に気付かれずにしているケースもあり、たとえ女性が気付いたにせよ、犯人の特定も難しいことが多い。

こうしたストーカーの特徴は、相手の女性が自分の行動についてどう思うかをまったく考えないことである。痴漢も同様の傾向があるが、痴漢の場合は「女性が嫌がる」のを楽しむという確信犯的部分があり、享楽性が強い。一方、ストーカーの場合には、性的変態というよりむしろ、他人の気持ちに鈍感で、自分の願望を相手に上手く伝えられない不器用な男性が、一方的に女性を付け回して、一人で「恋愛ごっこ」を楽しんでいる「オタク傾向」にある。しかも、利己的で、独善的で、身勝手な思い込みが人一倍強い。

だから、ストーカーをする男性たちは、自分が加害者であるにもかかわらず、「被害者意識」を強く抱いていることが多々ある。

ストーカーで捕まった男性の口から、反省の言葉よりも「あの女が俺を無視するからいけないんだ」とか、「俺は、あの女を愛しているからストーカーしているだけだ」という開き直りの言葉が出るのも、自分の行動に対する善悪の判断を持つ以前に、「恋愛のためなら、何でも許される」というバーチャルな甘えにすがっているためである。こういう人間ほど、恋愛をある種の美学として、自分勝手に美化して考える性癖がある。

また、ストーカーは、自分の気持ちを素直に相手に伝えることが不器用なだけでなく、愛着心や執着心も人一倍強い。ストーカーして、相手の「愛情」を手に入れようとするのは、欲しいモノを買ってもらえない子供が、なりふり構わず泣いてわめいて親にねだるのと同じことだ。

言い換えれば、「愛」と「モノ」との区別がついていない人間が、自らの欲望を満たすために相手の迷惑を顧みずストーカーに走るのである。

しかし、男女関係の上に成り立つ「愛」というものは、「モノ」と違って、お金を払えば手に入れられるものでもなければ、一方的に与えたからといって、そのお返しが来るものでもない。男女が魅かれ合ってこそ成立するものだ。けれどもストーカーは、そんなことまでまったく考えていない。

人間関係で常に大切なことは相手に対する礼節なのだが、ストーカーには自分の行為が「他人を不快にさせているとさえ考える心の余裕もなく、利己的な面が強い。つまりは、「精神的未熟さ」がストーカーを増加させていると考えられる。

この現代社会に「ストーカーが多く存在する」ということは、社会を生きる上で守るべき基本的なマナーを教育されず、甘やかされ、本能のまま育ってしまった「子供のような大人」が増えてしまったことを意味している。

世の中には、地位でも、お金でも、努力でも、どうしても手に入らないものがある。自分の一方的な気持ちだけでは成就しない「恋愛」もその一つだ。

だが私たち現代人は、物質的な豊さの中で、ほとんど苦労をせずに育ち、「お金」さえあれば何でも手に入ると思ってきた。私たちは、「我慢する」とか、「諦める」といったことは、教えられてこなかった。そのため「諦める」ということができない未熟な人々が、「ストーカー行為」に走ってしまうのだと思う。

こうした問題もまた、経済効率ばかりが優先されてきた競争社会の中で、人間が生きる上でもっとも大切な「道徳的教育」や「精神的教育」が忘れられてきたツケだ。

冷たい北風の中でスッポンポン

話は変わるが、なぜか「変態」と縁の深い私は、日本の自宅の近くでも、下半身スッポンポンの男性と遭遇してしまったことがある。

北風がビュービュー吹くとても寒い冬の日、私が自転車で家路を急いでいると、川沿いの遊歩道で下半身丸出しにして、「寒いよぉー、寒いよぉ」と中年のオッサンが自分の股間を手で暖めている。

思わずギョッとした私だが、横を通り過ぎる際に、「寒いのは当たり前でしょ！　風邪引く前に、さっさとズボン履きなさいよ」と怒鳴ってやると、急いでズボンを履いて、近くに停めてあった車で慌てて立ち去った。

オバサンは、忙しいのだ。こんな変態に付き合っている暇はない。ホント「変態」というのは、「洋の東西」を問わず世界中にいるものだ。あー、嫌な世の中だ。

第四章　「熟女好き」のイタリアの男、「少女好き」の日本の男

1. 男性を挑発するセクシーなイタリアン・ファッション

女の値札

イタリアといえば、ファッション。ファッションといえば、ミラノ。

ああでもない、こうでもないとイタリアを批判していても、母と二人でミラノに行ったときには、道行く女性の洗練された都会的ファッションに見惚れて、買い物三昧。

さすが流行の発信地ミラノ。ここでは思いっきり気取らなきゃと、私は現地の『Promood』で買った最新のワンピースで決めてさっそく街に繰り出した。

すると、道行く人たちがみんな振り返って私を見る。「キャー、結構私、目立ってる〜」と内心モデル気取りで、満足な私……。一方、母は私に出し抜かれたと思い「私はアンタの引き立て役じゃん」と普段着のままの自分の服装にオカンムリ。

地下鉄の中で立っていたら、私の前に座る中年女性が「じーっと」私の新品のワンピースを見つめている。「やっぱりこの服、素敵だから見つめているのね〜」と、私は自分のスタイルに有頂天……。ところが、地下鉄を降りようとしたとき、その女性が「ちょっと待って」と小声で私に話しかけてきた。と、同時に私の背中に手をやり、いきなり何かをビリリッと引き剥がし始めた。

「え、え、えっ、大事なワンピース破られたー！」と一瞬たじろぐ私。

その女性がニコリと笑顔で手のひらを広げ、私のドレスから剥がしたものを見せてくれると、それはなんと値札シール。しかも大きく「39.9 EUR」と書かれている。それを見た母、がく然とする私を横目に「ざまーみろ」とばかりに大笑い。

道行く人が振り返ったのは、私の背中に値札が付いていたからなのだ。

あ～恥ずかしいー、どうせ私は39・9ユーロの値打ちしかない女よ！　ふん。

ここまで違う日伊ファッション

ところで、私はイタリアに行くたび、女性ファッションの相違には戸惑ってしまう。

男性は関心がないかもしれないが、イタリアと日本では、女性のファッションセンスが明らかに異なっているからだ。

日本ではレースやフリル、金ボタンやリボンをあしらった服が女性らしいと定評だが、イタリアでは、ボディラインを強調した「シンプル」で「ゴージャス」な服が主流だ。

日本の女性の服装が、上品さや可憐さ、清楚さやかわいらしさといった少し「古風な女性らしさ」に力点が置かれているのと対照的に、イタリアの女性ファッションは、常に男性を挑発しているかのような「セクシーさ」や「肉体美」、「強さ」を表現した大胆なデザインのものが多い。

日本で買った服をイタリアで着ようとすれば、ちょっと古風でダサい感じがするし、イタリアで買った服を日本で着ていると、目立ちすぎて浮いた感じがする。「イタリアン・ブランド」に弱い日本人だが、実際には現地の店で服を買おうとして戸惑う人も多いのではないかと思う。

高価で上品なイタリアン・ブランドの服ならば、落ち着いたデザインも多く、日本でも着られるが、どちらかといえば年配者向け。ヨーロッパでは、高価な有名ブランドの服飾品は「有閑マダム」が身に着けるものであり、若い女性が身に着けていると何だか野暮ったい。

けれども、若い人向けのカジュアル・ブランドの服では、華奢な日本人の体形に合わない上に、デザインも斬新すぎて躊躇してしまう。

私はもうすでに「マダム」と呼ばれる年齢だが、一応まだ独身で服装だけは若造りを心掛けているから、高級ブランドなんぞ身に着けようと思っていない。それに、そんな金もない。

自分自身がブランドじゃないただの庶民なのに、ブランド品を買ってこれ見よがしに身に着けていても、どうせ「豚に小判」。エセ「セレブ」を気取っても、心の中がカラッポじゃ寂しいだけだ。以前、よく日本の若い女性観光客が、フェラガモやグッチといった高級ブランドのショッピングバッグをこれ見よがしに持ち歩き、地下鉄やバスに乗っている姿を見かけたが、

抜《ぬ》[illegible]のやり場もなく困惑した。

そのGパンのファスナーの位置が、ちょうど目線の先にあり、好奇心旺盛な私は、どうしても手をのばして、そのGパンのファスナーを開けたくなってしまうのだ。

決して私はレズビアンではないし、痴漢をしたいわけでもなかったが、なぜGパンのファスナーを「前」ではなく、「後ろ」に付ける必要があるのか、それを知りたい衝動にかられて、視線をそのGパンのファスナーから背けることができない。

しかも、その女の子はスタイルが抜群の超美人。いささか「おませ」な感じで、男たちに「私をファックして」と言わんばかりに、堂々とそのGパンを穿きこなしている。顔はまだ子供っぽいあどけなさが残っているのに、なぜこんなGパンを穿くことを許しているのか、親の顔が見てみたい。いくらイタリアでも、これはやりすぎだ！

溢れる官能的ランジェリー

ファッションの点で困ったことをもう一つ挙げるなら、私がイタリアで下着を買おうとするときだ。大都市に行けば、街中の至る所で高級店から安物の店までさまざまなランジェリーショップを見かけるのに、どこへ行っても私の貧相な体型に合ったサイズや[illegible]からないのだ。

ただでさえ貧弱なボディのために、日本でさえ自分のサイズに合ったランジェリーを見つけるのが大変なのに、イタリアでは、ランジェリーのサイズが総じて日本より大きい。また、ファッション性が強いデザインのものが多く、総レースでスケスケだったり、一見平凡なデザインでも、布地が薄かったり、股上が浅かったりと、ほとんど機能性がないものばかりである。

さすがの私も、グンゼの綿のパンツは身に着けないが、ファッション性だけを重視するのではなく、多少は「機能的な下着」を身に着けるように心掛けている。Tバックのショーツなんて大嫌いだし、スケスケのレースのブラジャーなんて、身に着けていても夏は薄いTシャツに乳首が透けてしまいそうで、気分が落ち着かない。

ところがイタリアでは、そんなデザインのランジェリーばかり目につくのだ。

では、年配女性はどこで下着を買うのか？　店でよく観察していると、年配の女性ほど大胆なデザインの「エロティック」な下着を好んで買っている。

あるデパートの下着売場にいたとき、隣にいた年配のマダムにいきなり「こっちとこっち、どちらがいいと思う？」と尋ねられたことがある。ニコニコした笑顔の彼女が両方の手に持っていたスリップは、どちらもスケスケのレースで、私だったら着るのも恥ずかしいくらいの派手なデザインだった。しかも、彼女は私の買い物にも口を挟んできた。

私が、無難なデザインだが着心地の良さそうなブラジャーとショーツのセットと、着心地は悪そうだが目を見張るほどエレガントで美しいレースのブラジャーとショーツのセット、二種類の異なった商品を見比べていたら、マダムが後者の方を指さして「絶対にそちらの方がいい」と言い出したのである。

無難な方を買いづらくなった私は、仕方なく、レースの美しい方を買うハメに……。

しかし、案の定、着心地は最悪だった。総レースのショーツは全体が紐のように細く、Tバックでもないのにお尻に食い込んでしまうし、ブラジャーもパットが入っていないので、私の胸ではブカブカ。結局、「タンスのこやし」になってしまった。この経験以来、私はランジェリーに対する見方が変化した。

長年、母がグンゼの「デカパンツ」を愛用していることを馬鹿にし続けてきた私だが、「それでないと下着を着けている気がしない」という母の主張がだんだんと理解できるようになった。グンゼ定番の綿の「デカパンツ」は偉大だ。

イタリアには、こういう機能性に優れた下着はないものだろうか?

イタリアでモテたかったら郷に従え

それにしても、もし日本人女性がイタリア人男性にモテたかったら、多少サイズは合わなくても、服は全部イタリアで売られているもので揃えるべきである。これは私の実感。ナンパをされる確率が全然違うのである。

Ｔシャツやブラウス一枚にしても、イタリアで売られているものは、体型のラインに沿った小さめのデザインだから、セクシーでキュートに見えるのだ。スカート、ジーパン、ワンピースやスーツにしても同じで、シンプルながらセクシーで、多少露出度の高いデザインでも、「粋」に着こなすことができる。

イタリアでは年齢を問わず、女性たちが「女性であること」を隠そうとしない。それどころか「セクシーさ」を堂々と強調することで、自分の女性としての存在価値を常にアピールしているように見える。日本だったら、間違いなく「露骨に男の気を引いている」と思われそうなボディコンシャスなファッションも、イタリアではＯＫ。

日本と違って、イタリアでは露骨なセックスアピールが下品とは思われず、むしろ肯定的に捉えられているようだ。そのためイタリアでは、女性の体型をカバーした服よりも、体のラインが露骨に強調された服の方が好まれるし、八十歳過ぎたおばあちゃんだってお洒落を忘れず、派手なキャミソールに、ジャラジャラと過剰なアクセサリーを身に付けて、堂々と街中を歩いている。

海岸では、三段腹でクジラのような体型の年配女性たちだって、恥ずかしがらずに小さなビキニを着け、トップレスになって日焼けしている光景は、もはやエロティックを通り越して壮観だ。一概に女らしいといっても、その価値観は千差万別。「控え目」で「かわいい」と形容される女性ばかりが女性らしいとは限らない。

日本を離れると、私はよくそのことを痛感させられる。特にイタリア人女性たちのファッションや態度を見ていると、そこからは日本で尊重される女性特有の繊細さ、しとやかさ、か弱さは、ほとんど感じらない。そのかわり、そこにはっきりと見られるのは「豪快な女性美」だけだ。

こうした影響なのか、イタリアでは、まだ中学生くらいのティーンエイジャーの少女たちでも、まるで男の視線を意識したようなセクシーな服を選び、「大人の女」のような「ませた振る舞い」をする。

日本では、「お嬢様」、「お姫様」がもてはやされ、二十代になってもフリルやリボンの付いた服を選んだり、キャラクター・グッズを身に着けたり、無知を装ってわざと「カワイ子ぶったり」する女性も少なくない。

しかしイタリアでは、対照的に幼い少女たちが、早くから「成熟した女性」になろうと、わざと大人と対等な口の利き方をしたり、まるで『ヴォーグ』のようなファッション雑誌から飛び出したような服を選んだり、男性の気を引くような思わせぶりなポーズを習得していたりしている。

カッコイイVS カワイイ

　こうした女性の外見的相違は、イタリアと日本の「女性らしさ」に対する価値観の違いを顕著に反映しているように思う。

　イタリアでは、女性は「子供っぽい」よりも「大人っぽい」方が好まれ、「カワイイ」よりも、むしろ「カッコイイ」と形容されるような女性の方が、洗練された大人の女性として評価されるようだ。

　夏のリゾート地の何キロにもわたる海岸と高級ブランド店が軒を連ねる通りには、ヴァカンスで日焼けした浅黒い肌や、細くて長い脚を惜しみなく露出し、高級ブランドのサングラスを頭にのせて颯爽と歩くファッショナブルな女性たちを見かけるが、老いも若きも関係なく、こうした女性たちはみんなカワイイではなく、カッコイイ。

　そんな中、一人だけチビで、短足で、日焼けもしていない色白の日本人の私がウロウロしていると、何だか居心地が悪くて仕方がない。場違いな感じがしてしまう。

　年齢だけは一人前のはずなのに、通りのショーウィンドウに映る自分の姿は、まるで子供のように貧相に見えてしまうからだ。テレビ番組に出演している女優やタレント、キャスターを観ても、日本とは女性美に対する価値観が異なることが一目瞭然で分かる。

　日本のテレビ番組によく出てくるのは、ただニコニコ笑って、男性出演者に合わせているような美貌だけが取り柄の「あどけないアイドルタレント」ばかりだが、イタリアのテレビ番組には、そういう女性はほとんど登場しない。知的で、セクシーで、ハスキーな声をした、物怖じせずに自分の意見をストレートに言うような「強い女性」ばかりが目につく。

日本では、とかく若くて、可憐な美少女や、清楚で、女らしく、やさしい印象の女性の方が社会的に好まれるが、逆にイタリアでは、セクシーで、ゴージャスで、華やかな女性の方が人気があるようだ。そのため日本でモテる女性がイタリアでモテるとは限らないし、イタリアでモテる女性が日本でモテるとも限らない。

イタリアの大女優ソフィア・ローレンだって、日本的な基準では決して「女性らしい」とは言い難い。浅黒い肌、吊り上った目、頬まで裂けているような大きな口……。江戸時代の日本人が見たら、「妖怪」と見間違え、仰天したことだろう。現代の若者たちだって、そのようなタイプの女性を恋人にしたいとは考えないと思う。日本では、あくまでも女性は色白、華奢であることが美人の条件であり、それは昔から変わらない価値基準となっているからだ。

大人の女が男を強くする

女性のファッションや外見は、得てして男性の「好み」が影響するものだが、イタリアと日本では、男性の女性に対する「性格的好み」もやはり違っている。

日本では、自己主張の強い女性は男性から敬遠され、どちらかと言えば男性に対して受け身で「従順な女性」が好まれる。一方、イタリアでは何もかも「男性まかせ」で、「自分のない女性」は、逆に好まれない。

イタリアでは、年配の女性たちを見ていても、かなり強い。

亭主を尻に敷いている「カカア天下」夫婦は至る所にゴロゴロいて、奥さんが強い口調で亭主を捲し立てている光景も日常茶飯事だ。けれども日本のように、「熟年離婚」するケースはあまり聞かない。プレイボーイのイタリア人男性のことだから、旦那が「若い女性」と浮気するのはよくあるだろうが、なぜか浮気をしても、ちゃんと「古女房」の元に戻るのだ。

離婚の許されないカソリックの国ということが離婚率に影響している側面もあるが、女性に対する評価として「かわいい」とか「若い」といったことが、男女関係において必ずしもウエイトを占めていないということも離婚率を低くしている要因としては考えられる。

ヨーロッパでは一般的に、女性は「三十代が一番美しい」といわれ、必ずしも「若い」ということだけが「女性としての評価」につながっているわけではない。日本と違ってヨーロッパでは、未熟な若さよりも、心身共に成熟した「大人の魅力」に女性としての価値が置かれ、しかも、精神的に安定し、肉体的にまだ衰えていない三十代は、女性の一生の中でもっとも輝いた時期のように思われている。

つまり、「女としての寿命」が日本より長いのだ。

だから日本のように十代のあどけない少女が、アイドルとして大人たちから持てはやされたり、二十代で「賞味期限切れ」といったことはない。それにイタリアでは、外見よりも一緒にいて楽しい相手、退屈しない相手、互いに理解し合える相手をパートナーに選ぶ。観光客の女性をナンパして、つまみ食いしても、最終的には、同じ町内に住む幼なじみと交際して結婚するケースが多いのも、同じ価値観の中で生きてきた相手の方が、互いのことを容易に理解し合え、同じ目的を持って生きられることを本能的に悟っているからだろう。

若いとか、かわいいだけでは、パートナーシップとしての恋愛も結婚も成り立たない。

一見、男女関係には放埒そうにみえるイタリア人だが、本質的なところでは、相手をかなり選んでいる。つまり、「花より団子」というわけだ。

そのため自分の価値観をちゃんと持っていて、自分の意見を積極的にいえる「しっかり者」の女性がパートナーに選ばれ、齢をとった「大人の成熟した女性」が疎んじられることもない。これはイタリアに限らず、多かれ少なかれ欧米全体でみられる光景である。

おとなしい、かわいらしいと形容されるような女性は、「何を考えているのか分からない」とか、「自分の意見のない未熟な女性」としてみられ、男性からすぐに飽きられてしまうのだ。

そのため、日本人女性は、男性に従順で、やさしく、海外で男性からモテるといわれている一方で、外国人男性から一夜限りで弄ばれ、捨てられることも往々にしてある。それは、自己主張しない、あるいは自分の意見がないために、相手の男性から「退屈な女」と思われて、「長く付き合う相手ではない」と烙印を押されてしまうのである。

イタリア人男性がマッチョに磨きをかけるのも、より強く、より素晴らしい女性から好かれるためだ。大人の女性に好かれるということは、イコール自分が「大人の男」として認められることであり、それは男性にとって名誉なことなのである。そして大人の女性から尊敬や愛情を勝ち取るためには、まず自分が強くならなければならないと考えている。

そうでなければ、男性は飼い馴らされたペットか奴隷にされてしまう。それが男として不名誉であることは、イタリアのみならず、古今東西どこでも変わらない価値観ではないだろうか。

観てしまったアダルトビデオ

しかし、精神面はともかく、肉体的、性的な欲求までも「成熟した女性」に求める欧米人男性の趣味に対しては、日本人の理解の範疇をいささか超えていることもある。

イタリアではなく、確かドイツだったと思うが、よくビジネスマンが利用するホテルで、偶然アダルトビデオを観たことがあった。

ニュースでも観ようとチャンネルを替えていると、突如アダルトビデオが流れてくるのだ。日本のようにお金を入れなくても、無料サービスで流されている。

そんな海外のアダルトビデオを興味本位に観てみると、その露骨さとワイルドさに驚愕させられる。ひたすらセックスシーンだけをクローズアップして、大人の男女が絡み合っているのである。ストーリー性や芸術性などはまったくなく、画面には陰部が大きく映し出され、露骨なセックスシーンが続くだけ。モザイクも一切ない。まるで発情した猛獣の性交を見ているみたいだった。

しかもアダルトビデオに出演している女性は、決して若くない。若くないどころか、たいていが、可憐さも、清楚さもない、化粧の濃い、派手で娼婦のような「熟女」である。四十歳は過ぎているような大柄で強そうな中年女性が、郊外の閑静な住宅地の「ど真ん中」の路上に停めてある車のバンパーの上で、二人の二十代の若い男性と3Pで野獣のように絡み合っている。

「こんなアダルトビデオを観て、誰が欲情するのだろう」と、初めはいぶかっていた私だが、唯一納得できることがあった。それは、その演出の大胆さや変態さは差し置いても、少なくともアダルトビデオに「大人の女性」を出演させることは、「幼い少女」を出演させるよりはマシということだ。

「大人の男性」が「大人の女性」を性的に求めるのは、極めて自然なことであり、もしそうでないとしたら、その男性は見せかけだけは「大人」であっても、その中身は「幼稚な子供」と同じということになる。それに、アダルトビデオに出演しているのが「熟女」ならば、青少年が観る心配もあまりない。

日本に帰って、知り合いの男性たちにこれを話すと、一斉に声を揃えて私に言った。

「欧米なら、君でもまだアダルトビデオに出られるね！　ギリギリの年齢だとは思うけど」

「熟女好きの変態が多いなら、ペチャパイ好きな変態もいるだろう」

「タイトルは『老いぼれた洗濯板』ってどう？」

いくら酒の席とはいえ、いい加減にしろよ！　日本人男性の「オバサン苛め」、十分なセクハラだ!!

2. 日本に氾濫する少女モデルのアダルト向け写真集

キモイ可愛らしさ

最近、日本で若い女性のファッションを見ていると、シンプルでセクシーなイタリアン・ファッションとは対照的に、子供っぽい「甘さ」ばかりが目に付く。

ブラウスやスカートには、不必要にレースやギャザー、リボンやビーズなどが多く使われ、まるでアニメか童話の世界から飛び出してきたような服が主流だ。ハードなセクシーさや、生々しい肉体美を露骨に表現した服は少なく、あくまでも「カワイイ」に力点が置かれている。

また、日本では一般的にゴージャスで「目立つ女性」よりも、「しとやかな女性」が好まれ、ファッションで自分の個性を主張する女性は少ない。たとえ自分に似合った服でも、他人とかけ離れた服装はNGだと思っている女性が多く、あくまでも、流行という同じ土台の上でセンスを競い合うのが日本人女性のファッションへの姿勢である。

そのせいか日本の女性のファッションは、イタリアに比べると、若者のファッションであっても、どこかインパクトが薄い。AKB48をはじめ、今どきのアイドルはみんな「少女キャラ」、「姫キャラ」に終始し、個性などほとんどない。

世の中には、顔の半分くらい目を大きく修正したプリクラ写真が出回り、アニメキャラに変貌した自分の顔写真を見て喜んでいる若い女性たちで溢れている。お伽話の倒錯の世界に嵌り込んでいるようだ。

オバサンとしてはっきり言おう。その行き過ぎた可愛らしさがキモイ……。

結婚すると変貌する日本人女性

ところが、若い頃はまるで「人形」や「アニメキャラ」のように着飾っていた女性たちが、結婚し、熟年になると、まるで色気のないファッションに変化する。齢をとればとるほど、「失われた若さ」を補うために、色気をムンムン漂わしたファッションを好むイタリア人女性とは対照的だ。

どちらのファッションが良いと思うかは個人の好みの問題。いずれにせよ、女性は似合う服で自分を表現すればいいのだが、この両者の明らかな違いは、イタリアと日本の女性らしさに対する価値観や人生観の違いを知る上で、非常に興味深い。

本能を抑制せず、情熱的で、奔放に生きているようなイタリア人女性と、社会から従順さを求められ、男性に依存しがちで、控え目な日本人女性。その生き方や性格的な違いがファッションにも表れているような気がしてならないからである。

だが、イタリア人の女性たちの服装がともすれば「下品」に見えるのと同時に、日本人の女性たちの服装は個性に乏しく、自分に似合う、似合わないを吟味せずに身に着けているため、「ダサイ」とさえ感じることがある。

若くて幼い日本の女性たち

「私には、日本の女の子たちがみんな日本のアイドルをマネしているように見えるのよ。不必要にスカートをはいたり、厚化粧をしたり、まるでリカちゃん人形みたい。外国に来てもそういう格好をしているから、いい歳をして、主体性がなく、馬鹿みたいに見えるわ」と、長く海外生活を送るある日本人女性が、辛辣に言ったことがある。確かに、海外でそういう服装の日本人女性は、少し違和感があって、センスが悪く見える。

ところが、そういった日本人女性に限って外国人男性と付き合いたがり、国際結婚を望んでいたりするから、困ってしまう。日本の常識や価値観が、そのまま海外でも通用すると思い込み、日本ではモテている自分が、海外ではなぜモテないのかと、悩んでいたりするからである。

けれども、それは彼女たちだけの責任ではない。日本全体が無知で、従順で、「カワイイ」だけの若い女性を求めているような風潮があるからだ。

日本には、ピントの外れた「無知なお嬢様」を装う女性タレントやグラビア・アイドルが山ほどいて、彼女たちはバラエティー番組で不思議なほど持て囃されている。彼女たちのわざと実年齢よりも幼く振る舞った言動は、決して知的とは言い難いのだが、それが日本人男性にはウケているのだ。幼稚さやか弱さを残した「カワイイ」が、イコール「女性らしい」という意味合いに捉えられているような気がしてならない。

近年、流行りの「ＡＫＢ４８」など、その典型だ。メンバーは全員似たり寄ったりで、みんなアニメの世界から飛び出してきたみたいに「カワイイ」だけである。正直言って、均一で個性がない。「オタク」にしかメンバーの確固たる違いは区別できないだろう。

ところが、こうした日本の若い女性たちは、世界の潮流から外れて、そうした「カワイイ」路線に憧れ、それが「日本独自の文化」となってしまっているから面白い。

強くて有能な女は男の敵

日本人女性にそうしたステレオタイプ的な「女性らしさ」を求めているのは、何もファッションや芸能界だけではない。職場でも同様な現象がある。

日本では、とかく職場で「有能な女性」は嫌われる。かつて日本人男性は、ずけずけとオフィスに乗り込んでくる「強い女たち」を、根拠なきバッシングやセクハラで撃退し、男たちが長年独り占めしてきた既得権益をかろうじてキープしてきた。

女性が業務の決定に口を挟めば、「あいつは生意気だ」とか「女らしくない」と陰口を叩き、三十歳を過ぎた女性が働いていると、「男日照り」とか「結婚できないから職場にしがみついている」と噂する。基本的に日本人男性は、自分がコントロールできない強い女が苦手なのである。

ところが近年、その強い女が、自分たちの築き上げた「最後の楽園」に土足で踏み込むようになったので、どの職場でも、男たちは彼女たちの存在に「戦々恐々」としている始末。建前では、実力主義や男女平等を掲げながら、本音では、どうやって体裁よく彼女たちを追い出すかを思案する日々が続いている。

あくまでも、会社や仕事は「男の牙城」。それは、日本の政治や行政、会社等の重要な会議の場を見れば、一目瞭然だ。二十一世紀になった今日でも、グレーや紺色のスーツを着た白髪頭の「オヤジ」たちだけで独占している。

まるで「恐竜とシーラカンス」の世界だ。おかげで、日本人女性の職場での出世率は、先進国で常に最下位。イスラムの国々を除けば、もしかしたら世界でも最下位近くになるかもしれない。

一方、若くて従順な女性社員は、男性社員に喜ばれ、会社からも歓迎される。彼女たちの「笑顔のカワイイ」朝の挨拶や、コピーや、お茶くみ、仕事途中の「お疲れ様」といった労わりの言葉に、男性社員たちは癒されている。「課長さんって、すごいんですねぇ〜」なんて、新入社員の若い女性から甘い声で褒められれば、鼻の下をのばし、「豚もおだてりゃ木に登る」ようなオヤジだって少なくない。

けれども、そのような若い女性は、悲しいことに職場での寿命も短いものである。男性から疎まれるような年齢になる前に、転職か、寿退社を余儀なくされるのがオチだ。

女性が社会進出すれば「出生率が下がる」だの、女性は理性的な判断が苦手だから責任あるポストは任せられないとか、何とか屁理屈をつけて男性たちは社会的地位をキープしている。社会の制度に守られず、正々堂々と、自分の実力で強い女性と戦う意欲を持っていないことが情けない。

もっと自分を磨き、強い女から惚れられるくらいの甲斐性を持てばいいだけなのに、なぜか日本人男性は環境の変化に対して弱気で、内向きになる一方だ。

そのかわり強い女と戦って自分が傷つき、惨めになるより、弱い女に慰められる方がいいとばかりに、アニメから飛び出してきた「バーチャルな少女」に恋する男性も出現し始めた。

日本に蔓延する男のロリコン趣味

こうした意見は、もはや世間で相手にされなくなった「中年オバサンのひがみ」によるものかもしれないが、日本で若くて無知な女性がチヤホヤされるのは、外見の美しさばかりでなく、男性が優越感を持てる唯一の対象物になっているからだ。若くて、無知で、余計なことなど言わない、カワイイ女の子に相手をされれば、自分のプライドを傷つけられることなく、癒され、慰められるからである。

しかし、大人の女性に近づけば、自分が「一人前の男として相手にされない」惨めさを味わうリスクが生まれる。いっそ、「やり手ホスト」のようにオバサンに取り入って、甘えてカモにするくらいの女たらしの才覚があればいいが、そういう男性は、日本ではあまり見かけない。多くの日本人男性が、自分より弱い者に目を向け、支配することで、自己満足を得ようとしているのである。

そのため、若い日本人女性の中には、わざと幼稚に振舞って、男性にモテようとする輩もいる。「子供っぽい無知なかわいらしさ」が、大人になっても男性から求められていることを知り、それを武器にしようとしているからだ。卵が先か、鶏が先かは知らないが、男性と女性が相乗効果で幼稚化していることは、今日の日本の由々しき問題である。

「カワイイ若い女性と付き合いたい」という男性の欲望が理性によって抑制されているうちはいいが、ともすれば「変態性」を帯びて犯罪に繋がることは往々にしてあることだ。それが今日、援助交際や痴漢、レイプ殺人といった社会問題へと繋がっている。

レイプされる少女たち

近年、日本では男性の「ロリコン化」加速に伴い、少女買春や幼児への性的虐待といった悪質な事件も増えていることは悲しむべき問題だ。

一部の男性によるものだが、本来は社会的に守られるべき存在の幼い少女や若い女性が、身勝手な性的欲求によって暴行され、傷つけられ、最悪の場合には殺されている。まるで本能しかない餓えた野獣が、無防備な獲物を狙うのと同じで、そこには理性の欠片もない。

中には、不特定多数の幼児や児童の裸をインターネットサイトで流したり、少女の人形やコスプレ・グッズまでコレクションしたりする男性がいるというから呆れてしまう。

しかも、こうした「変態的なロリコン趣味」を持つ男性の中には、エリート的な職業に就いている者や、本来は教師や警官といった模範的立場であるべき人々も少なくない。

おかげで、こうした人々が少女買春や強制猥褻で逮捕されて、事件が新聞紙上に載っていても、最近では全然驚かなくなった。「赤信号みんなで渡れば怖くない」とばかりに、こうした事件はエスカレートするばかりである。

私は子供のころ、このような事件は欧米の国々で起っている凶悪犯罪であり、日本では有り得ないと思っていた。私の勝手な人種差別的な偏見もあったかもしれないが、テレビのニュース番組では、よく外国での若い女性の連続殺人事件の報道などを流していたので、外国人男性の方が本能的で、変態も多いと思い込んでいたのである。

それだけに、昔のことだが幼児連続殺人で宮崎勤死刑囚が捕まったときには、衝撃が大きかった。あのとき、「こんな凶悪な変態がいるのか」と驚いた日本人は、私ばかりではなかったと思う。当時、多くの人々はこの犯行を知って「異常」とか「変態」という言葉しか思いつかなかったし、このような人間は日本でただ一人だろうと思っていたことだろう。

ところが、今の日本では、社会に適応できない男性や、職場や家庭にストレスを感じる男性を中心に、「少女愛好家」の「変態予備軍」として増殖している。

自宅の離れの宮崎の部屋からは、少女に関連した多数の漫画やビデオ、写真が押収されたというが、犯罪にすぐ繋がるかどうかはともかく、こうした内向的な「性的オタク」が生まれやすい土壌は、日本社会の至るところで蔓延している状況だ。

変態オタクも日本文化!?

その一例としては、かつては家電ショップが立ち並ぶことで有名だった秋葉原に、「コスプレした若い女性たち」と「オタク」の「聖地」のような現象が生まれたことだ。

カフェに入れば「おかえりなさいませ。ご主人さま〜」などとメイド姿にコスプレした若い女性から甘い声でいわれて、ニヤニヤしているオタクな男たちの顔はまるで「変態丸出し」である。彼らは、幼稚なアニメっぽい女性を見て、「萌え」を感じるというが、その「萌え」って、一体何だ⁉　私のようなオバサンには、まったくの意味不明。軟弱な男性が好んで使っているだけの気持ち悪い言葉にしか感じられない。

時代的な風俗、あるいは流行という見方もできるが、むしろ現代の日本人男性の「軟弱さ」や「幼稚さ」を示した「現代病」に近いものを見ているような気がしてならない。

彼らの親世代は、スナックやキャバレーに通い、ホステスさんから「社長さ～ん、すごいのねぇ～」なんていわれ、鼻の下を伸ばしていた。日本の高度経済成長期を牽引してきた自負のある彼らは、金と権力で水商売の女性を侍らせて、虚栄心を満たそうとしていたのである。

けれども、今日の若者には、そうした自負心すらない。彼らは、現実的な社会の中ではなく、もっとバーチャルな世界に自分の居場所を求めて、虚栄心や癒しを求めているようにも見える。そうした対象が「美少女」とか「メイド」とか、コスプレした半ば「虚構の女性たち」である。

日本ではテレビのバラエティー番組を見ても、雑誌に載っているヌード写真を見ても、インターネットのアダルトサイトだって、あどけなさや幼さの残る十代の「少女」で溢れ返っている。それも、漫画やアニメから抜け出したような「美少女」ばかりである。

中には、この現象を利用して、小学生の娘をわざとヌード出演させて稼いでいる両親もいるというから、親としての堕落ぶりには驚愕させられた。

未成年者は社会全体で守るべき存在なのに、それを逆に、社会全体が「性的ターゲット」としていること自体、まったくの言語道断。少女を起用することで、いくら経済効果があるにせよ、不謹慎に他ならない。

くたびれた「オバサン」より、はつらつとした「若い女性」の方がいいという男性心理は、女性である私にも理解できないことはない。私だって、まだ十代の少女たちのあどけない、無垢な笑顔を見れば羨ましく思うことがある。

化粧で誤魔化さなくても、顔にはシミ、シワ一つなく、わざわざシェイプアップする下着を身に着けなくても、ボディは健康的で引き締まっている。何より若さという躍動感には、世の中のどんなものよりも価値がある。自然の究極の美かもしれない。

だが果たして、大人が成熟とはほど遠い未成年者を「性の対象」とすることは、倫理的に適ったことだろうか？　本来、少女を見て「かわいい」と思うことと、「性的欲望」を抱くことは、異なったことだ。

正常ならば、性的な色気を帯びた少なくとも十代後半以上の女性に惹かれるものである。どんなに可愛い「少女」であっても、子供は子供に過ぎない。だから、幼い少女に性的な欲望を感じること自体、私には到底理解し難いことであり、「変態」に思えてしまうのだ。

そして、それ以上に、そうしたことを暗黙のうちに許容してしまっている社会全体の風潮はもっと怖い。これは日本の国家としての異常性を端的に示す一つの現象だと考えている。

経済重視がロリコン社会を助長する

現代の日本人男性が、漫画とアニメの観すぎで精神年齢が低くなってしまったのか、あるいは先天的に「少女」や「若い女性」にしか性的魅力を感じない「変態性」を持つようになったのかはよく分からない。さまざまな要因が考えられるし、人々の立場や考え方によっても見解は変わるだろう。

「ゆとり教育」反対派の立場の人たちなら、この現象を「学校で厳しく勉強させなかったから日本の若者が幼稚になってしまった」と考えるかもしれないし、逆に、「詰め込み教育」反対派の人たちは、それは「学校で知識偏重の教育を行い、道徳教育を無視してきたから精神的に未熟な大人が多く育ってしまったからだ」と主張するかもしれない。

老人や親たちは、「風俗産業、マスメディア、アニメ、マンガがそうさせた」と腹立たしく思っているだろう。「好みや趣味は個人の問題。犯罪にならなければ、この程度の楽しみはいいじゃないか」と、肯定的に考えている人だっているかもしれない。

いずれにせよ、日本で「ロリコン趣味」がウケていることは事実で、この現象はかつてないほどの勢いで広がっている。

日本人男性のヒーロー願望

しかし、私にはこうした日本人男性の「ロリコン趣味」は、男としての「強さに対する憧れ」と「人間的弱さのひずみ」の表れに思えてならない。

「男」としての権力への憧れや、他人からの尊敬を勝ち取りたいという願望、あるいは弱い者を守って「ヒーロー」になりたいという欲求がある一方で、現実にはそうなれない自分を意識し、そのギャップを埋めるために、自分より弱い相手を性的パートナーに選んでいるのではないだろうか。つまり、社会の中で「大人の男」になりきれない男性が急増しているということだ。

日本はバブル経済が崩壊した一九九〇年以降、男性の地位は低下し続けてきた。リストラや倒産によって職を失った男性は数多く、また長引く不況によって就職できなかった若者たちは、ニートやフリーターといった社会的に不利な立場に追いやられ、内向的な「自分の世界」に引きこもる傾向が強まった。

たとえ職に就いている男性でも、高度経済成長の時代のように野心が持てなくなり、会社や社会に対する不信感が強まり、意欲的な人生を送ることが困難になった。

「競争しても、いずれ敗者になるだけ」といった焦燥感や虚無感が、日本人男性の心の中で蔓延したことは否めない。その上、年功序列、終身雇用で守られてきた日本人男性は、制度的な「ぬるま湯」の中で、本来の男性的な闘争心が剥ぎ取られてきたため、「ひ弱化」しているのだと思う。

大人の男性が、少女たちを性的な対象として見るのは、単に彼女たちが「かわいい」とか、「美しい」とかいう理由からだけではない。

自分より「弱い者」を相手にすることで、その相手を自分の思い通りに支配し、自分が「ヒーロー」のような気分を味わいたいというバーチャルな世界に嵌まり込んでいるのである。相手が少女なら自分に優越感が持てるし、「大人の女」を相手にするように自分が傷つくリスクもない。

自分がより「弱い者」を求めることで、自分の虚栄心が満たされる錯覚に陥っているのだろう。そのような「強さに対する憧れ」と「人間的な弱さのひずみ」は、「ロリコン趣味」という現象だけに見られるのではなく、職場の「セクハラ」や「パワハラ」問題でも反映されていることだと思う。

すね毛丸出しのニューハーフ！

ところで。先日、地元の街の駅前にいたら、ヒラヒラのミニスカートにハイヒールの美女を発見。後ろ姿だったが、脚が細く、スタイルは抜群！　服の着こなしも個性的で、他の若い女性たちより数段ハイセンスだ。

田舎町にもこんな子がいたのね……。モデルかしら？　私が感心していると、その女の子が立ち止り、携帯電話で話しながら振り返った。

ヒエ～！　携帯で話すその口元に、なんと立派な不精髭を発見。なんだ、コイツはオヤジだったのか⁉　しかも、ヒラヒラのミニスカートが風に揺れると、その下の男性特有の「ふくらみ」までが見えている……。何とすね毛も剃ってない。

はぁ……、近年ではニューハーフが活躍する日本社会。確かに彼女（？）たちは惚れ惚れする美人も多いし、私も「オネエ」キャラは嫌いじゃない。だが、せめて世の中に出るときは身だしなみには気をつけて欲しいものである。

いくら「ご出勤前」でも、だらしない姿を世間に曝していたら、店潰れるぞ！

第五章　「レディ・ファースト」のイタリア、「マン・ファースト」の日本

1. 世界中の女性に人気のイタリア人男性

日本人女性はナンパのカモ⁉

以前、イタリア人男性にとって日本人女性は、ナンパの「カモ」であるといった雑誌の記事を読んだことがある。普段、男性から「好きだ」とか「きれいだ」とか言われることに慣れていない日本人女性は、海外では外国人男性の甘い言葉をすぐ鵜呑みにして、弄ばれてしまうというのである。

確かに、日本に住んでいると、女性は、男性からやさしくされたり、親切にされたりする機会が少ないので、イタリア人男性のように歯の浮くような言葉を並べ立てられれば、「ふらっ」と心が傾いてしまうのも無理はない。

外国人男性を「白馬に乗った王子様」と勘違いしている日本人女性も結構いるので、特に海外経験の浅い女性の場合には、「外国人男性に声をかけられた」というだけで有頂天になることも多い。また、日本の若い女の子の間では、外国人男性と付き合うことに憧れている風潮もあるから、「ナンパ」に引っかかりやすい土壌はすでにできている。

六本木界隈の外人バーには、派手な格好の若い日本人の女の子たちが集まっている光景が見られるが、みんな外国人男性からのナンパを待っているのである。

それは一見、戦後間もなく、GHQのアメリカ人兵に日本人女性が群がっていた光景とよく似ているが、当時と大きく違う点は、日本人の若い女性が圧倒的に「リッチ」になり、外国人男性との恋愛をいわば「ファッション」のように考えるようになったことである。

第二次世界大戦直後は、戦争で家族や夫を失った気の毒な日本人女性たちは「パンパン」と呼ばれて世間から蔑まれながらも、お金もなく、食べ物もなく、貧しさ故にアメリカ兵に身体を売るしかなかった。それ以外に、生きるための選択肢がなかったからである。

ところが、最近の若い女性たちは、外国人男性と恋愛関係を持つことを「遊び」のような感覚で捉え、「クール（カッコイイ）」だと思っている。そんな彼女たちは、「ボーイフレンドは外国人がいい」と口を揃えて言い、外国人男性と付き合った経験のある女の子からは、「外国人男性のことを知ると、もう日本人の男性とは付き合えない」という意見もよく聞く。中には、大金を支払っても、外国人をボーイフレンドにしようとする女性もいる始末だ。

海外で出会った日本人の若い女の子の中には、「どうしたら外国人男性とつき合えますか？教えて下さい」と尋ねてくる子もいて、私は返答に困ってしまう。

そもそも私にそんなことを尋ねるのが間違い。海外経験と男性経験の長いオバサンになると、「世界中の男の本質は、みんな同じ」と気づくようになるのだが……

しかし、こうした若い女の子たちの現象も、あまり責められない。一世代前の古風な日本女性である私の母でさえ、私に連れられ、はじめてヨーロッパに行った際、堂々として、親切なヨーロッパ人男性に感激していた。イタリアン・レストランでは、典型的なイタリア人ウェーターに調子よくサービスされ、母は「女王様気分」にまで舞い上がっていた。

そんな母は行く先々で、「日本の男の人たちは、駄目よねぇ。口先で威張っているだけで……。こっちの男の人たちはみんなやさしくて、全然違うわぁ。お父さんにも見習わせなくちゃ」とボヤいていたのである。

(その頃、父は自宅で、自分のパンツを洗っていたのだが……)

レディ・ファーストに弱い女性たち

日本人女性が、外国人男性を好きになる一番の理由。それは、何といっても、外国人男性の「女性に対するやさしい態度」にある。

と言っても、それは外国人男性がおとなしいとか、気が弱いということでは決してない。イタリアをはじめ、ヨーロッパの国々では、騎士道精神から由来する「女性崇拝」という考え方に基づいた「レディ・ファースト」という習慣があるからだ。

これは、もともと上流社会における「高貴な女性」に対して、崇拝と献身を示すための十字軍の時代からの慣習だったが、今日では、時代の流れと共に、「女性尊重」のマナーとして一般社会に定着していった。

そのため、欧米では、同伴の女性を自分より前に歩かせたり、女性が重い荷物を持っていれば運ぶのを手伝ったり、建物やエレベーターの入り口でドアを開けて女性を優先的に通すことは、すべて男性の当然の義務だ。

日本では、食事や酒の席でグラスに飲み物を注ぐのは女性の仕事だが、欧米では、それは男性の仕事だ。室内等で上着を脱いだり着たりするときも、日本では女性が男性を手伝うが、欧米では男性が女性を手伝う。

こういうマナーは、一般的に男女の立場や年齢に関係ない。会社の上司の男性が、若い部下の女性に対してそうすることもあれば、夫が妻に、父親が娘にすることだってある。（ただし、若い女性と年配の女性がいれば、若い女性よりも年配の女性の方が優先される）

レディ・ファーストは、男性が女性に媚を売ることを目的としているのではない。あくまでも「強い男は、弱い女を守り、助けなければならない」という騎士道精神の名残りだ。だから中には、自分が紳士であることを女性に印象付けるために、わざと気取った態度で女性と接する男性もいる。

私も、挨拶をするときに、何度か年配のおじいちゃんから手の甲にキスをされたことがある。

それもちょっと古くさいが、女性に対するマナーの一つだ。「レディ・ファーストこそ、男らしさのアピールに他ならない」と考える典雅な男性は、ヨーロッパにはまだまだ多い。

そのため男女平等が加速する現代では、「女性を弱いと決めつけ、馬鹿にしている」と、このレディ・ファーストの習慣を嫌がる欧米人女性もいるほどだ。特に、フェミニズム信奉者は、「男女差別」の象徴的な習慣のように思えるらしい。

ところが、このレディ・ファーストという習慣、日本人女性には、すこぶる評判がいい。「強い男は弱い女に権威的に振舞うのが当たり前」という日本的環境の中で、長い年月、男性から従属的立場を強要され続けてきた日本人女性にとっては、「カッコイイ騎士」から「お伽の国の王女様」のように扱われることは、「夢のような出来事」だ。

そのため、こんな日本人女性たちが、欧米で男性のナンパに引っかかりやすくなっても少しも不思議ではないと思う。ましてナンパ名人が揃うイタリアだったら、日本人女性をまずレディ・ファーストの習慣で魅了させ、口説くなど朝飯前のことだろう。

意外とやさしいイタリア人男性

イタリアへ行ったことがなかった頃、私はイタリア人男性というと、背は低いが、色黒で、黒い髪に黒い口髭、筋肉で締まった肉体を持つ、マッチョで、怖そうな男性ばかりを想像していた。映画『ゴッドファーザー』シリーズの見すぎだったかもしれない。あるいは『アンタッチャブル』だったかもしれない。

とにかくアメリカ映画に登場するイタリア系の男性は、マフィアとギャングばかりで、いつも口に葉巻をくわえ、マシンガンをぶっ放している。

他の欧米人の男性に比べ、キザで、粗暴で、女性に対しても威圧的な印象だ。だから私は、イタリアに行っても、ジェントリィ（紳士的）な男性などいないだろうと思っていた。それどころか、無骨で、短気で、暴力的で、ゴツイ容姿の男性ばかり想像していたのである。

ところが、実際にイタリアに行ってみると、決してそうではないことに驚かされた。街中には、偽善を装ったドロボーやペテン師がときどき紛れ込んでいることはあっても、映画に出てくるような怖そうな「マフィアのお兄さん」がウロウロと歩く姿や、威張った亭主が女房を怒鳴っているという光景を見たことがない。（逆に、ヒステリックな女房に怒鳴りつけられている亭主を見たことはあるが……）

それどころかイタリア人男性は、見知らぬ女性が電車に乗り降りするときでも、必ず荷物の上げ下ろしを手伝ってくれるし、困っている人がいれば親身に相談に乗ってくれる。外国人に対しても、比較的愛想がいい。一見、マッチョなイメージのイタリア人男性だが、実は大変やさしく親切だ。

「紳士の国」といえば、やはりイギリスを連想する人も多いだろう。だが、イギリス人男性は総じて女性に対する態度は控えめで、「ロマンス」という点では、不器用で知られている。

だが、イタリア人男性の方は、女性に対して親切というだけでなく、「ロマンティック」に接するのが得意である。それゆえ、イタリア人男性は、世界中の女性たちから「セックスシンボル」のように扱われ、愛される。単にナンパの数が多いから、イタリア人男性は女性にモテるわけではない。

「恋人を甘やかし、妻を尊敬し、母親を一番愛する」といったことをモットーに、「女性は尊重すべき存在」ということを日頃から教訓としているからこそ、イタリア人男性たちは女性に媚を売り、喜ばすのも上手いのかもしれないと思う。

レディ・ファーストも時と場合による

こんな女性にとっては都合のいいはずの「レディ・ファースト」も、時と場合によっては、全然嬉しくないことがある。

これは私の経験だが、「英国版ホラー屋敷」で有名なイギリスのロンドン・ダンジョンに一人で見学に行ったとき、ちょうど私の後ろにいた別の観光客の男性から「お先にどうぞ。レディ・ファーストですよ」と言われ、私は彼に背中を押されて前を歩かされるハメになった。

暗い幽霊屋敷の中で他人の前を歩くのは勇気のいることで、私ばかりが恐ろしい顔をした化け物たちのターゲットにされた挙句、後ろの男性までが面白半分に、怯えた私を背後から脅かすので、思わず私は「オシッコ」をチビリそうになってしまった。

これと同じような経験は、日本でもある。

深夜、父と近くの表浜海岸に夜釣りに行った私は、その帰り道、海沿いの道路の真ん中に停まっていた一台の不気味な自動車を発見した。

車内は真っ暗で、周囲に誰かいる様子もない。しかし、車体には何かにぶつかったような跡や傷が無数ある。そこで父と私が想像したのは、事故でも起こして、「自動車の中で誰かが死んでいるのではないか」ということだった。

とりあえず警察に電話したものの、そこは人里離れた海岸端の道路。すぐにお巡りさんが来てくれる様子もなく、車中に誰かいないか懐中電灯で確認しようということになった。

すると、普段は何でも「俺が先にやる」という父が、このときに限って、「お前、先に中を見ていいぞ。レディ・ファーストだ」と、私の背中を押すのである。普段は典型的な男性優位主義の父だったが、このときばかりは「レディ・ファースト」を私に強要しようとしたのだ。

さすがの私も、このときばかりは「レディ・ファースト」を拒否したが、結局、「一、二、三」

の号令とともに父と一緒に真っ暗な自動車の中を覗き込むと、車内に死体があるどころか、カーオーディオも、座席シートすら取り外されたカラッポ状態。どうやら廃車で、誰かが必要なものだけを取り外して、道路の真ん中に捨てていったものらしかった。

まったく人騒がせな……。

2. なぜか外国人女性に不人気の日本人男性

マン・ファースト文化の日本

ところで、日本ではこうした「レディ・ファースト」とは反対に「マン・ファースト」の文化が主流を占めている。女性に対する習慣は、日本とヨーロッパではすべて逆だ。

以前、日本で男性の後ろを歩くことに慣れていた私は、ヨーロッパにいるとき、「私の前を歩いてもらえますか？」とよく男性から注意された。それに、日本の職場だったが、たまたま一緒に働いていた外国人男性のためにお茶を入れようとしたら、「そんなことして頂かなくても結構ですよ。僕が自分でしますから」と言われたこともある。外国人男性、特に欧米人男性は、「女性を使役する」ことに居心地の悪さを強く感じるらしい。

私の知り合いのイタリア人男性は、来日経験が豊富な親日家だが、日本の旅館に泊まったとき、仲居の女性に自分の荷物を部屋に運んでもらうことだけが、「どうしても嫌だ」と言っていた。日本の旅館に泊まるときは、毎回、仲居さんと「荷物の奪い合い」になるそうである。

「男に荷物を運ばせるのは、まったく平気なんだけどね。女性にそんなことをさせるなんて、僕にはどうしても我慢できないよ。だけど、日本人の男性客は、自ら仲居の女性に自分の荷物を手渡しているんだ。驚いたよ」と彼は話してくれた。

イタリア人男性が、日本のこんな習慣に「文化の違い」を感じて、戸惑っているとは、私も知らなかったことだ。

嫌われる横柄な日本人男性

今日の男女平等社会において、男性の社会的地位は以前ほど守られなくなったが、相変わらず日本には、家で女房に向かって、「おーい、お茶」、「おーい、風呂」、「おーい、飯」と叫んでいるだけの亭主も多い。家の中のみならず、家の外でも、女性が男性の給仕や、細かい世話を焼くのが当たり前で、男性より前を歩かせてもらえることもなく、男性を差し置いて出しゃばることなどもっての外。

でも、もし日本で男性が気を利かしてレディ・ファーストと同じようなことをしたら、その男性は「女に媚を売るキザ野郎」とか、「女に頭の上がらない駄目男」のように世間で見られ、女性の方は、「気の利かない横柄な女だ」と中傷されるのがオチである。そのため日本では、なかなかレディ・ファーストの習慣は根付かない。

おかげで、日本人女性の日本社会での心理的抑圧はかなり高い。それも、日本の文化や習慣しか知らず、それに従順である間はいいが、一旦海外に出て、「レディ・ファースト」のような文化を知ってしまうと、彼女たちは日本人男性に対して「横柄さ」しか感じなくなる。

日本人男性は、外国人女性からもあまり人気がない。日本人男性がナンパが下手なだけでなく、女性の扱いに対してかなり「オンチ」であることは、イタリア人男性が「女たらし」であるのと同じくらい、世界的に有名なことである。

残念なことだが、日本人男性は「男尊女卑だ」とか、「無口で、何を考えているのか分からない」といった、ステレオタイプ的なイメージが女性の間で定着してしまっている。そのため、世界中の女性を対象にした「結婚したい国の男性」というアンケートでは、日本人男性はいつも最下位近くにある。（逆に、日本人女性は、男性に対して従順というイメージがあり、「結婚したい国の女性」として常に上位だ）

「日本人男性はシャイ（恥ずかしがりや）よね。あまりしゃべらないし、何を考えているかよく分からないわ」とか、「日本では男性が威張っているんでしょ？　女性は出世できないし、一緒に歩くときでさえ、ビハインド・マン（男の後ろ、つまりレディ・ファーストの逆の意味）なんでしょ」と、外国人女性から指摘されるが、私は反論できない。

私の友人で、一年近く日本の大学に留学していたフランス人女性は、日本人男性の友だちが一人もできなかったことを残念がっていた。国際交流を名目にしたパーティー等に出かけても、日本人男性は外国人女性に話しかけようとさえしなかったそうである。おかげで彼女は、日本に滞在中は一部の日本人女性の友人を除いて、同じ留学生仲間としか交流がなかったらしい。

彼女は若くて綺麗なフランス人女性だから、日本人男性にとっては、話しかけるのさえも敷居が高かったのかもしれないが、やはり日本のことをもっと勉強したいと思って、はるばるフランスの田舎から日本にやって来た彼女にとっては、この日本人男性の閉鎖的な性格が物足りなく感じられ、疎外感を抱いたようである。

これは、海外に留学する日本人女性が、現地の男性からチヤホヤされるのとまったく正反対の現象だ。

恋愛も国際競争時代

今日、世界はグローバル化の一途を辿っている。日本をもう一度、「鎖国」に戻すことは不可能だ。国際交流も盛んで、日本人はどんどん海外に渡り、外国人も日本に流入している。このような状況下で、恋愛も国際競争しなければならない時代に突入しているのは明白である。すでに、海外赴任した先で、自分の妻を現地の男に取られたという話もチラホラ噂に聞く。これから先は、間違いなく、世界的に「モテる男」と「モテない男」の差異が広がっていくことだろう。

だから、もし自分が「勝ち組」になりたかったら、改めて自分を見直して、本当の「男の価値」についてグローバルな視点から一人ひとりが考え直す時期に来ていると思うのである。それは、今後の日本人男性にとって、切実な問題となるだろう。

経済面だけでなく、寿司、アニメ、サムライ、「映画」など、日本文化が海外でブームの今日、日本に興味を抱き、日本人男性と友だちになりたいと思っている外国人女性も結構多い。しかし、「日本人男性とは仲良くなりにくい」というのが、世界の共通認識になっていることは残念なことだと私は思う。

ただし最近では、日本人男性も国際結婚が増えている。相手は、中国やフィリピンといった新興国の女性たち。まだ貧しい国々の女性たちにとっては、未だ日本は「お金持ちの国」というイメージがあるので、日本人男性と結婚することは、ある種のステイタスだと思われている。

一方、このような女性たちと結婚する日本人男性は、嫁不足に悩む農家の男性が多い。「国際的」とはおよそ無縁な男性たちだが、お見合いエージェントを通じてパートナーを見つけるのが一般的だ。

日本より経済力の低い後進国の女性相手なら、「レディ・ファースト」といった女性を「ヨイショ」するマナーも必要もなく、女性の扱いに不器用な日本人男性でも気軽に結婚できる。それどころか、女性の方がよく働き、男性を「ヨイショ」してくれることさえも期待できる。

だが、女性の方は「愛情よりもお金」を目的に結婚するので、旦那から巻き上げたお金がある程度貯えられ、自分の国へ送金する見込みがつくと、一方的に離婚して、勝手に子供を連れて帰国してしまうというトラブルも少なくない。

やはり、日本人の旦那に対して外国人妻が抱く不満は、女性に対する日頃からの「サービス精神の欠如」である。情けないが、日本人男性が女心を理解する努力をして、女性に対してもっと親切でスマートに振る舞うことができたなら、外国人妻に逃げられたり、日本の女性たちが外国人男性に安易に惹かれるようなこともないだろう。

日本人男性は、外国人男性にナンパされて喜んでいる日本人女性を見て、「世間知らずな尻軽女」と中傷する前に、どうか自分の態度を改めて欲しい。日本人男性が威厳にこだわるのもいいが、「気の利かない男」は女に嫌われるだけである。

海外経験で男も磨かれる

しかし、偏屈な男性上位主義に捉われている日本人男性でも、長年、海外生活を体験すると、不思議と外国人男性並に女性の扱いが洗練され、レディ・ファーストのみならず、女性を喜ばせるようなウイットに富んだ会話もスマートにできるようになる。そういう日本人男性は、結構外国人女性にもモテるようになり、「なぜこの人が……?」と思えるような一見普通の日本人男性でも、絶世の外国人美女と国際結婚していたりする。

私は海外でのあるパーティーで、一人の日本人青年とイタリア人美女が会場の片隅で人目を憚ることなく熱烈なキスをしているのを目撃したことがある。その青年は典型的な体育会系の容姿で、世界基準の「イケメン」ともほど遠く、その上、東北弁丸出しで決して「洗練されている」とはいえなかった。

しかし、彼は持ち前の明るい性格と社交性で、外国人の間でもかなり人気者になっていた。そんな彼の性格に、相手のイタリア人美女がメロメロになったことは一目瞭然。キスをしている間も、うっとりとした目で彼のことを見つめていた。そんな彼を妬む日本人グループの間では、「あの人、日本だったら絶対にモテるタイプじゃないのにね」と陰口を叩いていたほどだ。

また、チューリッヒからミュンヘンに向かう列車の中で、女性やお年寄りにとても親切で、礼儀正しい日本人青年に会ったことがある。やはりハンサムとか、エリートといった感じではまったくない、一見どこにでもいる普通の日本人青年だった。海外にもまだ慣れていない様子で、英語も得意そうではなく、不器用で、おとなしそうな感じさえした。

しかし、そんな彼が、大きなスーツケースを持ったおばさんが車両に入って来ると、「メイ・アイ・ヘルプ・ユー？」と率先して声をかけ、彼女の持っていたスーツケースを棚に上げるのを手伝おうとしたのである。海外で、日本人青年がそんなことをする姿を見るのは珍しい。

あいにくスーツケースは、あまりに大きく重すぎたため、彼は頭上高くそれを持ち上げてみたものの、重心を崩してフラフラし、小柄で華奢な彼一人の手には負えなかった。結局、他の大柄な男性数人が手伝ってどうにか棚に納まったが、スーツケースの所有者のおばさんは、その日本人青年に心から感謝していた。

見知らぬ外国人青年に親切にされたことが、よほど嬉しかったのだろう。彼は、お礼をいわれて少し恥ずかしそうだったが、さわやかな笑顔で「ユー・アー・ウェルカム」と答えていた。

私は彼に話しかけ、勇敢な行為を思わず褒めると、彼は、「こちらに来てから、いろいろな人に助けられたり、世話になりましたから。外国の人たちって、案外親切ですよね。そのお返しです」と、謙虚に答えた。

こういうタイプの日本人青年は、海外でも好感度が高く、人から好かれるものである。私でさえ、こういう日本人青年がいることをすごく誇らしく思えた。

電車でマナーの悪い日本人男性

けれども、日本では、まだまだ多くの男性が、公衆の場でも女性や弱者に対して気が利かない。それどころか、日本人男性の「マン・ファースト精神」は、時折、公衆ではとんでもない「マナー違反」になることがある。

通勤時、いい格好のビジネスマンが、平気で他人を押しのけて電車に乗ろうとするし、お年寄りや体の不自由な人がいても寝たふりをして、席を譲ろうともしない。店員やタクシー運転手、スチュワーデスといったサービス業の人々に対して、挨拶もしない、「ありがとう」もいわない日本人男性は、結構多い。

こうした日本人男性は、見ず知らずの他人には、冷淡で暴力的とさえ思える態度を取ることもある。駅で誰かがぶつかればキレて怒鳴るし、自分が他人を押し倒しても、そのまま謝りもせずに行ってしまう。私はラッシュ時の満員電車が嫌いだが、それは痴漢が多いためだけではなく、殺気立った感じすらする人が多いせいだ。それも殺気立った人の大半は、普通のビジネスマンである。

以前、私がキャスター付のスーツケースを持って新幹線から降りようとすると、ホームで待っていた先頭の乗客の中年男性が、全員降りるのを待たずに乗車してきた。

しかし、その男性の後ろには、すでに他の客が続いていたので、私とその男性が通路で鉢合わせになったとき、互いに身動きが取れなくなってしまった。

だから私が、「すみません！　ここで降りるので、通して下さい」というと、その男性は通路の隅に避けるどころか、すぐに自分が席を取れない苛立ちから、私に向かって「何で、女がそんな大きな荷物を持っているんだ⁉　バカヤロー！」と怒鳴ったのである。

さすがの私も、このときはキレそうになった。しかし、私も新幹線を降りなければならなかったので、キレている暇はなかった。重いスーツケースを頭上高く持ち上げて何とか車両の出入り口まで辿り着いた。その車両の乗客はほとんどがビジネスマンだったのに、誰一人手伝ってくれなかったのも私には驚きだった。

こんなことは絶対にヨーロッパでは考えられないことだ。

ヨーロッパでは列車に乗るとき、必ず降車する人が全員降りてから乗車するし、荷物を持っている人がいれば、それを手伝うのがマナーだ。だから、列車に乗るときはいつもみんな整然としていて、最初慣れない頃、私にはその光景が不気味に感じられたほどだ。

でも、新幹線を降りたとき、ホームにいた一人の酔っ払いのおじいちゃんが、私に感心したように声をかけてくれた。

「おねえちゃん、あんた力持ちだねぇ。ボディビルでもやっていたのかい？　アンタのダンナは幸せだ。こんな力持ちが奥さんだなんて」

私には、まだ「ダンナ」はいないが、有り難い慰めの一言だった。

第六章　タダで口説くイタリアの男、お金で関心を買う日本の男

1．ナンパにお金をかけないイタリア人男性

甘いジェラートの誘いには、ご用心

ある夏のローマでの出来事。私はホテルで知り合ったハンサムなイタリア人男性に「近くに有名なアイスクリーム店があるから、一緒に食べにいかないか？」と誘われた。

「アイスクリームくらいなら、まあいいか」と付き合った私。

行った先は、ホテルから歩いて十分ほどのアイスクリームショップ、『ＦＡＳＳＩ』。一九三二年創業で、ローマでも有名な老舗らしい。

他に日本人の姿はなかったものの、夜なのに結構広い店内は大勢の客で満席。ガイドブックを抱えた韓国人観光客の若者たちもいて、店の前では、老いも若きもおしゃべりしながらアイスクリームを「立食い」している。

多分、〈イタリアン・ジェラート〉が世界中で美味しいと評判なのは、このイタリア人のアイスクリームに対する「執着心」のせいに違いない。そもそも、いくら暑い夏だからといって、深夜にこれほどアイスクリーム屋が流行っているなんて、何だか不思議な光景だ。

私も一番豪華なアイスに挑戦。ホント、美味い！　アイスクリームに目のない私は、自分が

女であることも忘れ、そのアイスをガツガツ食べた。

ところが……。タダほど高いものはないというが、アイスクリームショップを出てから、誘ってくれた男性が私を口説いてきた。

「今から、僕の部屋に来ないか？　アイスクリームみたいに互いの身体をなめ合うのも楽しそうだろう？」

えっ、えっ、えっ～⁉　あまりの驚きで食べたアイスクリームを吐き出しそうになった。何で、アイスクリームごときで、変態プレイに付き合わなきゃならんのだ。

当然、私は断った。いくら相手がハンサムでも、露骨で下品なナンパには付き合いきれん。しかも、いくら美味しくてもアイスクリームごときに釣られる私ではない！　そんな安い女だと見くびるな！

ところが、しばらくして同様に「近くに美味しいアイスクリーム屋があるから一緒に行かない？」とアイスクリームを餌にしたナンパに立て続けに遭遇……。やっぱ、また下心⁉

後で知ったことは、ローマでは一般的にアイスクリームがナンパの常套手段になっているということだ。かくして、ローマ人男とアイスクリームの因果関係を学んだ私……。

それにしても、高級なワインならともかく、いくらイタリアン・ジェラートが有名で美味いからといって、せいぜい二百円や三百円のアイスクリームで女をモノにしようなんて、イタリア人の男たちは何だかケチ臭い〜！

そんなナンパに引っかかる女はいるのか⁉　私は、これまで彼が女をナンパするために、アイスクリームにいくら投資したのかぜひ知りたいものである。私の予想では「ナンパの成功率」は絶対低いに違いない。

とにかく、イタリアン・ジェラートにはご用心！

ナンパにケチなイタリア人男性

そもそもイタリアでは、万年経済不況のお国柄のせいか、女をナンパするために大金をつぎ込む男性は、ベルルスコーニのような大富豪でない限り滅多にいない。お金をつぎ込んでも付き合いたいと思うのは、よほど相手が「本命」の女性に限っている。はっきり言って、彼らのナンパは「ケチ」と思われるくらい金を使わないのである。

女性を口説くのに彼らが使うものは、お世辞と、情熱と、せいぜい一杯のカプチーノとアイスクリームぐらい。ときどき美しい一輪の花が使われることもあるが、どこかの店先から盗んできたものだったりする。奢ってもらうことに慣れている日本人女性だったら、「相手が自分に好意を寄せている」とさえ気づかない金額しか、ナンパに投資しないのである。

日本では一般的に男女同伴の場合、それが恋人同士や夫婦でなくても、男性が全額支払うのが当たり前。だから、日本人女性の場合は男性によほどの金額を払ってもらわないと、自分に対して下心があるとさえ気づかない。

ところが、イタリアではいささか事情が違っている。理由や下心なしに男性が女性に奢ることはあり得ないのである。その理由としては、

①　ナンパする女の数が多すぎて、一人の女に大金をつぎ込むことができない。
②　給料が安すぎて、女に金をかける余裕がない。
③　女をモノにするのに、金品に頼るのは「ナンパの王道」に反している。

といったことが考えられる。そもそも「浮気」や「一夜の情事」のために大金をつぎ込むのは「投資の無駄」と考えているのがイタリア人男性。あまり大金を出したくないからこそ、「素人女性」をせっせとナンパしているのだろう。

一夜を過ごすだけのガールフレンドに「大金」を使うならば、なにも「素人女性」を苦労してナンパする必要もなく、てっとり早く売春宿に駆け込んで「玄人女性」相手に「コトを済ませてしまえばいい」と思っているようだ。

しかし、イタリア人男性の恋愛に対する本質の中には、男女間での「恋の駆け引き」を楽しんでいるところがあって、そのためお金を使わないで女性をナンパすることに努力や苦労を厭わない傾向がみられる。

イタリア人男性を見ていると、言葉や愛情表現だけでナンパに挑戦し、どれだけ女性をモノにできるかを「男」としての「誇り」にしているかのようなナルシスト的一面が見え隠れするのである。それだけ、自分のナンパ・テクニックに自信があるということだろう。

釣った獲物にエサをやる

しかし、いくらケチなイタリア人男性でも、長年付き合っているガールフレンドや奥さんに対しては、結構よくプレゼントをするようだ。

これは、日頃の「浮気の償い」と勘繰ることもできるが、誕生日やクリスマス、何かの記念日等々、イタリア人男性が奥さんや恋人のために店で高価なプレゼントを選んでいる姿は珍しいことではない。花、香水、スカーフ、ランジェリーなど、男性が「最愛の女性」のために惜しみなくプレゼントを買っているのを見ると、それは少し健気にも見える。

日本では「釣った魚には餌をやらない」のが当たり前で、旦那が古女房にプレゼントを贈るどころか、誕生日やクリスマス、結婚記念日の大事な日さえ忘れているのが一般的だが、イタリアの場合はまったく逆で、相手が古女房だからこそ、大事な日にはプレゼントするのを忘れてはならないのである。

これはキリスト教的な慣習や伝統によるものかもしれないが、もしイタリアで、奥さんやガールフレンドにプレゼントを贈るのを忘れたとしたら、さぞや冷たい亭主や恋人だと思われることだろう。イタリア人男性は、女性が「好むこと（もの）」をよく知っているし、「痒いところに手が届く」ようなキメの細かい対応も得意である。

そのため、日頃の所業がどうであれ、恋人や奥さんから愛されているのだろう。つまり女性に嫌われたり、逃げられたりしないツボを心得ているということだ。

既婚の日本人男性も、ときどきは奥さんに「感謝のプレゼント」でもすれば、きっと少しは家庭での地位も上がることだろう。外で遊びたければ、やはり奥さんも大事にすることが一番！これは定年退職後に、「粗大ゴミ」として捨てられないための防衛策にもなるので、見習う価値がある。誕生日や結婚記念日に贈る一本のバラで、老後の幸せが保証されるなら安いものだ。

男女割り勘が当たり前

話はそれるが、イタリア人に限らず、外国人男性と国際結婚したり、付き合っていたりする日本人女性たちの戸惑いは、「金銭感覚の違い」にあったりする。日本では、男性がすべてのデート代を負担するのが当たり前だし、結婚したら、旦那の給料はすべて妻が管理するのが一般的だが、欧米はそうではない。

デート代が割り勘ということもよくあれば、たとえ結婚しても、夫婦間で財布を分けて、生活費を別々に負担し合うことも一般的だ。日本人男性と付き合う感覚で、なにもかも相手の男性に甘えて、負担させていると、「図々しい女」と思われかねない。

夫婦であっても、恋人関係であっても、互いに自立した関係でいることが第一条件の欧米。金銭に対しても馴れ合いの依存関係で、「男性がすべて負担する」ということは、もはやこの現代では通用しない。そのため、まだまだそういう価値観を持っていない日本人女性は、突然彼から、「君はケチだ。図々しいよ」と言われてビックリすることも……。気をつけないと、嫌われる元凶になりかねない。

逆に、お金は出さなくても、贈り物をするのが大好きな日本人の習慣も、相手を戸惑わす原因になる。記念日でもないのにプレゼントをする習慣は海外にはなく、理由もなく貰った方は不気味に思うようだ。

ちなみに日本のように、収入のない専業主婦が夫の給料を全部管理するなど、欧米ではとんでもないことらしい。

「日本の家庭では、奥さんが旦那の給料を全部管理して、旦那には少しのポケットマネーしか渡さないで、自分は毎日贅沢なランチを食べているって、本当?」とよく外国人から尋ねられる。「それは本当だ」と答えると、みんな仰天して驚いている。しかも、齢をとり、労働力として価値のなくなった旦那は、家畜のように捨てられ、廃棄処分されることもあると知ると、みんな「クレイジーだ」と首を横に振る。

欧米では、旦那が定年退職した後、ゆっくりと夫婦二人の時間を過ごせるようになるのを楽しみにしているのが一般的だからだ。それにもかかわらず、日本では、奥さんが長年連れ添った旦那をゴミのように簡単に捨ててしまうというのだから、残酷な話にしか聞こえないのも無理はない。

まして、多くの人々は「日本は男尊女卑の国だ」と思っているのに、おとなしく、従順で、しとやかなイメージの日本人女性が、家庭の中では「暴君」として君臨しているとは、どうやって想像できるだろう⁉

「それが本当なら、私、日本人男性と結婚するわ」と思う外国人女性も現れるかもしれないが、それは甘い。日本人女性の多くは、結婚した後の孤独と自由のない生活の代償に、旦那の給料を全額コントロールして、旦那からの愛情乏しい結婚生活を長年我慢しているのだ。

欧米のように、子供をベビーシッターに預けて、夫婦二人で食事やコンサートに出かけ、恋人気分で愛を語り合うなんて、日本では「夢の世界」。

口下手で、恋愛オンチな日本人男性に「ロマンティックな夫婦生活」は期待できないことを覚悟しておこう！

2. 風俗と買春ツアー好きな金持ちの日本人男性

風俗好きな日本人男たち

日本人男性の「風俗好き」が世界中に知れ渡っていることを、日本の人々は知っているだろうか？　私は、日系企業で働いた経験のある東南アジア系の人々から、「出張や転勤で海外に来る日本人男性は、アフターファイブに必ず女性が接待してくれるバーやキャバレー、マッサージに行きたがる。それに毎晩付き合わされるのは大変だ」という愚痴を何度も聞いた。

それも、日本人男性が行きたがるのは、決まってまともな店ではないらしい。「日本の男たちはモテないから、そういう場所に行きたがるんだよな」と指摘する外国人は、決まって日本人男性の「風俗好き」を少し見下したようにいう。「経済は一流だが、男は三流」。彼らが日本人男性を語るとき、嘲笑的にそのことを喜んでいるようにも見える。

確かに日本人男性は、海外に行ったときでなくても、女性が接待してくれるクラブやバー、あるいは風俗店と呼ばれる店に行くのが大好きだ。そこでは、「金」さえ出せば、女性の方が愛想良くもてなしてくれるし、自分の方から女性の機嫌をとる必要もない。

そういう店で働く女性たちは、男性を接待するプロだから、どれだけでも喜ばしてくれるし、どれだけでも持ち上げてくれる。どんなにモテない男性でも、そこでは「自分はモテる」と錯覚することができる。多くの日本人男性は、水商売と呼ばれる職業の女性を、「金さえ出せば何でもしてくれる」と見下しているが、一方、水商売で働く女性たちもまた、こうした浅はかな男性心理を利用して金をもうけ、内心では軽蔑しているのである。

水商売で成功する女性は、計算高く、相手の心理を読むのが得意で、決して馬鹿ではない。しかし、男性の方はそれに気づいていないだけのようだ。風俗産業はモテない日本人男性の「駆け込み寺」でもある。

女はみんなホステス？　の日本

しかし問題なのは、日本人男性が「風俗産業」に依存しすぎるせいか、「店」の外でも、女性を「ホステス」のように扱うようになるということだ。

日本の「オヤジ」と呼ばれる世代の男性たちが、以前、会社の若い女性社員に嫌われていた要因の一つとして、やはりそうした女性に対する「風俗的な扱い」があった。

近年では、セクハラに対する規制も厳しくなり、男性も会社ではあまり低俗な行動ができなくなったが、一昔前の日本では、会社の宴会や親睦会などで、男性社員が女性社員に酌をさせ、酔った勢いで抱きついたり、太ももに触ったりするといったことも日常茶飯事だったのである。

その上、酒の勢いで、「今から俺とホテルに行かないか」と若い女性社員を誘う上司までいる始末。酔っていれば、どんなセクハラ発言も後で「軽い冗談」で済まされると考えている。

しかも、そうした酒癖の悪いタイプの男性は、どちらかと言えば、普段は女性に対して「オクテ」なタイプが多い。日頃は女性の前でシャイな男性も、酒を飲んだ勢いで女性の身体をベタベタ触ったり、猥褻な言葉で口説くことができるようになるのだ。それが会社の上司だったときには、まったく厄介だ。理不尽な話、女性がそれを断れば、「気が利かない女だ」と中傷され、会社に居づらくなることも稀ではなかった。

そもそも日本の会社では、女性は「華」として扱われ、「お茶くみ」以上に必要とされていなかったから、男性に気に入られる対応や振る舞いができない女性は致命的だった。どれほど有能に専門の仕事がこなせても、「お茶くみ女」としての使命を果たせなければ、会社での存在意義がずっと低くなるのが普通だったのである。

「酒」が入ると突然「気」が大きくなり、本能そのままに「スケベ男」に豹変するのはいいが、女性に冷たくされた場合、その後の状況次第では、社会的地位と権力に訴えかける場合もある。

こういう上司は、アメリカだったら間違いなく即刻会社をクビになるだろうが、「男性天国」の日本では、なかなかそうはいかない。上司の面子をつぶし、機嫌を下手に損ねると、女性の方が陰湿なイビリに遭うハメになる。女性社員が男性上司の不評を買えば、「気が利かない女だ」

と中傷され、会社に居づらくなることも稀ではない。

男性社員に気に入られない女性社員は、いくら有能でも、会社での存在価値は低いのが当たり前である。この男に縁の薄い「オールドミス」の私でさえ、以前、男性上司の策略によって「淫乱女」の噂を立てられ、不愉快な思いをした経験がある。

そのとき私は怒り狂い、「淫乱になれるほど男にモテたら、私はもう、とっくに結婚しているわよ」と反撃したところ、「淫乱女の噂」はたちどころに消えて、そのかわり職場の人からは同情されて、「見合い話」まで頂くようになった。

「淫乱女」という疑惑と軽蔑に満ちた視線から開放された私だったが、今度は「モテない中年女」というレッテルが貼られた上に、職場の人たちからの「憐れみ」の視線に曝されるようになってしまった。

しらふで口説けない日本人男性

そんな話はさておき、「酒の力」がないと、まともに女性を口説けない。そういう日本人男性は結構多い。

冷静で、「しらふ」だと、もし女を口説いてフラれ、自分が恥ずかしい思いをしても言い訳ができない。しかし、酒を飲んでいれば、多少女性に失礼なことを言っても、酒に酔っていたと言い訳ができる。つまり、不名誉というリスクから逃れるため、日本人男性はアルコールを利用する。そうすれば、「無礼講」という言葉で言い逃れできるからだ。

この点で、「しらふ」で平然と女を口説き、フラれても全然懲りないイタリア人男性とは大きくかけ離れている。イタリア人男性は、日本人男性よりも厚顔なのかもしれないが、「しらふ」で女を口説くことに、少しもためらいを感じていない様子だ。

彼らは、獲物を狙うハンターのように、直感的に女性をナンパするのが上手い。

相手の気持ちを感じとることも巧みで、鋭いから、「しらふ」でも女性を口説くことに自信を持っている。わざわざ女に酒を飲ませ、自分も酔っ払ってから口説くなど、そんな面倒なことをするイタリア人男性は、ほとんどいないだろう。

もしイタリア人男性が、女性をバーやレストランに連れ込むことがあれば、それは既に「ナンパの成功」を意味している。つまり、そこから女を口説き始めるのではなく、彼らは既に「女がセックスをオーケーした」と捉えるのが普通である。

大金出して女を釣る

日本人男性にはもう一つ、ナンパの特徴がある。それは、女性を口説くとき、「金やプレゼントで女を釣ろう」とすることである。これには二つの理由がある。一つは、金やモノをプレゼントすることで、「女を口説く手間を省く」という意味と、もう一つは、「自分の魅力を金やモノで補う」という意味である。

中には、金やプレゼントをばら撒くことで、自分の「男としての力」を女性に見せつけることができると考えている男性もいて、その低俗発想には呆れるばかりだ。日本人男性のこうした精神的モラルの低さは、彼らの「自我の弱さ」と密接に関係しているようにも見える。

日本人男性は、子供の頃から自分の意見を述べるという訓練を受けていないため、総じて自分の魅力をコミュニケーションによって伝えることが苦手だ。

だから、慣れない言葉で自分のことを上手にアピールしたり、相手の女性を褒めて持ち上げたりするよりも、高級ブランド品でもプレゼントすれば、言葉が無くても「好意」が伝わると考えている男性も少なくない。

言葉で女性を口説いていると、時間もかかるし、面倒臭いし、感情的な誤解が生まれる可能性もある。そして何より、自分の魅力に自信がなくても、女性に「モノ」を与えることで、自分のやさしさや思いやり、財力を表現できると誤解しているのである。

この究極的な形が、やはり「風俗」や「援助交際」だ。金を出せば、確実に女とセックスができるし、女の機嫌をとる必要もない。女性の方は「商売」だから、表面上は、間違っても「客」である男を蔑んだり、傷つけたりしないだろう。

これなら男性は、素人の女性を口説いて回るよりも、確実に女性をゲットできる。それに、自分に都合よく女性をコントロールしやすいというメリットもある。

また、日本人男性は、外国人男性に比べて自分たちが肉体や精神の強さで劣っているというコンプレックスも強いから、自分自身の魅力を引き出すために、自分の能力や人間性を高めるより、てっとり早く金や権力に依存する傾向があるようだ。日本人男性が身分不相応な高級車を乗り回したり、新米サラリーマンが何十万もする高級ブランド時計を持ったりするのも、こうした「モノ」の権威に頼って自分を大きく見せようとする虚栄心のためである。

「バブル経済真っ只中」の頃には、日本の女たちは高級ブランド品に弱いから、それを彼女たちに買い与えたり、自分自身もそうしたものを持つようになれば、尊敬されると考える幼稚な男性も大勢いた。クラブやバーで高い酒を注文し、金をばら撒くことで「自分はモテる」と錯覚している男性は今でも多い。

私の地元では、今でもフィリピンパブが郊外に何軒かあって、そこにハマった農家のオッサンたちが全財産をフィリピーナにつぎ込んで、身代を潰したという話をよく耳にする。

確かに、金を気前よくばら撒けば、ホステスはその男性をＶＩＰ扱いし、金が続く限りチヤホヤもてなしてくれるだろう。相手は商売なのだから、それも当然だ。

ところが、それでも男性は「自分はモテる」と信じ込んで満足しているのだから、その単純な思考回路は女性の私には理解し難いのである。

日本ブランドの上で胡坐《あぐら》をかく男たち

日本人男性が、かつて東南アジアでの「買春ツアー」にハマったのも、そうした延長線上だった。一時期、フィリピンやタイなどで、日本人男性との間にできた混血児が養育費ももらえず、母親からも見捨てられてストリートチルドレンとなることが問題となったが、それは「最悪の例」にすぎないようだ。今でも、そうした国々では、人身売買ブローカーを通じて、貧しい家庭の少女たちが日本人男性相手に売春を強要されている。

それは、みんな「日本ブランド」の影響だ。こうした日本人男性の他のアジア人に対する態度は、他のアジアの国々より日本が経済的に勝っているという自負から生まれた醜悪ともいえる。

欧米では日本人がどれほど金をばら撒いても、「成金」と蔑まれるだけだが、アジア諸国では、貧しい人々から羨ましがられるという安心感が、彼らをこうした行為に駆り立てているのだろう。

日本人男性でも、決してそんなことはしない立派な人たちは大勢いる。貧しい地域で、自分を犠牲にしながらボランティア活動に励んだり、企業からの派遣によって熱心に技術協力したりして、現地の人々から感謝され、尊敬されている日本人男性は結構多い。

だが、それ以上に、海外へ気軽に旅行や出張に出かけ、そこで破廉恥なことをする日本人男性のせいで、誠意ある立派な日本人男性の名誉までもが、ステレオタイプ的な醜聞によって、泥を塗られてしまうことは、とても残念なことのように思う。

たとえ酒に酔い、金をばら撒いて、女にモテたとしても、それは本当に「モテる」ことにはならない。本当に自分に魅力があれば、女性を口説くときに、酒や金は必要ないはずだ。恋愛の醍醐味は、たとえ一夜の情事でも、男女が駆け引きを楽しみながら、互いの心が惹かれ合うことにある。酒や金で女を釣っても、それが恋愛だと定義するのは難しい。だから、援助交際をしても、心の中が本当には満たされないことは、本人たちが一番よく知っていることだろう。

恋愛は、インスタントラーメンではない。だから、自分の努力なしに即席で作れるものではないのである。

ドーベルマンにセクハラされて……

これまた自分の経験だが、日本の繁華街の路上で、いきなり酔っ払ったサラリーマンのオヤジに抱きつかれ、「一晩一緒にどう？　今度、シンガポールに出張に行ったら、エルメスのスカーフをプレゼントするからさ」と絡まれたことがある。そのとき私は、酔っ払いオヤジを突き飛ばし早足で逃げたが、しばらく後味がとても悪かった。

もし、あのときの酔っ払いオヤジが抱きつきでもしようものなら、私は彼を殺さないまでも、半殺しぐらいにはしていただろう。女子高生が日本のオヤジと援助交際していることはよく聞くが、よく彼女たちはあんな連中とつき合えるものだ。私だったら、エルメスのスカーフといわず、エルメスのバッグを百個プレゼントされても絶対にゴメンである。

近所の公園で雄のドーベルマンに後ろから腰に抱きつかれ、強姦されそうになったことがあるが、あの酔っ払いオヤジに比べたら、まだマシだった。私は新品のジーパンに、何やら怪しい液体をかけられてしまったが、それでも飼い犬の血統ばかりを自慢して得意になっている飼い主の手前、「かわいいワンちゃんですね」と、その変態ドーベルマンのことを、顔を引きつらせながらも褒める心の余裕はあった。

その点、この酔っ払いのオヤジときたら「犬以下」だった。

バブル時代が懐かしい

余談ではあるが、最近の日本では、長引く不況の影響によって、「ミツグ君」という言葉が死語になってしまった。この「ミツグ君」という言葉、一九八〇年代には「アッシー君」、「メッシー君」という言葉と並んで女性にとって「便利な男」に対する三大ネーミングの一つだったが、今でもこの言葉を覚えている人間は、もはや時代から取り残された化石である。

（ちなみに私も、当時を代表する化石の一人である）

これらの言葉を知らない若い世代に、一応その意味を説明しておこう。

「アッシー君」は高級車という「足」で女性を送迎してくれる男性、「メッシー君」は高級レストランで「飯」をおごってくれる男性、「ミツグ君」は女性に高価なプレゼントを貢いでくれる男性のことである。当時の日本はバブル真っ盛りで、何でも高級が持て囃された時代だった。見栄っ張りで、アホな、モテたい男たちは、女のために金をばら撒き、成金趣味の生活に憧れる女たちは、こうした男たちを手玉にとって「お嬢様」を自称したものだ。

当時の私も、訳のわからないプレゼントを知り合いの男性から貰ったものだが、付き合っているわけでもなく、「好きだ」と告白されたわけでもないのに、渡される高価なプレゼントは、つき返すわけにもいかず、かなり不気味だった。

中には、プレゼントと引き換えに、私の女友だちとの「愛の橋渡しをして欲しい」と頼まれたこともあったが、さすがにこれはお断りした。

男なら、自分で愛を告白しろよ!!　これが私のモットーである。

そういえば、私の知り合いに本名が「貢」という男性がいた。彼は、その名前にかなりコンプレックスを抱いていたが、実は名は体を表していた。

酒が一滴も飲めないくせに、毎晩スナックに通い、「一杯のウーロン茶を飲むためだけ」に多額な金品を水商売の女の子たちに貢いでいたらしい。そうして「自分はモテる」と錯覚した彼には、「貢」ことが快感だったようだ。

この時代、日本の男たちにとって、仕事も恋愛も全盛期だったに違いない。あまり努力しなくても、仕事も女も容易に手に入ったし、人生は何でも金次第で自分の思い通りになると信じていたのだから……。

しかし、今はどうだろう？　私が思い出すのは『平家物語』の一節である。

「祇園精舎の鐘の声、諸行無常の響きあり。沙羅双樹の花の色、盛者必衰の理をあらわす。奢れる者久しからず、ただ春の夜の夢の如し。猛き人も遂には滅びぬ。偏に風へ前へと塵に同じ～」

第七章　「愛」に寛容なイタリア社会、「愛」に冷たい日本の社会

1. 街中に裸の彫像だらけのイタリア

なぜ違う？　恋愛スタイル

イタリアと日本の「恋愛」や「性」に対する感覚の相違。これは、ほとんど正反対に近い。これまで私が書いてきたように、特に男性の女性に対する接し方、口説き文句、付き合い方、好みのタイプ等々は、比較するのも難しいほどイタリアと日本では違っている。

なぜ、このような差異が生じてしまったのか？

イタリアという国は、愛に対して「開放的」で、日本という国は、どちらかというと愛には「閉鎖的」だ。太陽の光がサンサンと降り注ぐイタリアは、人間も情熱的だが、雨が多く湿度の高い日本では、人間も内向的である。だが、天気や気候が人間の性格や人間の愛に影響を与えているとしたら、砂漠や北極ではどうなるんだ？

年中砂漠の太陽光を浴びているベドウィンはイタリア人よりもナンパ上手で、太陽光の少ないイヌイットは日本人以上にナンパ下手なのか？　そんな話など聞いたこともないし、実際、ベドウィンやイヌイットのナンパに纏わるサンプルもない。この議論、自分から提起しておいて恐縮だが、あまりにも論拠薄く、アホ臭い。

では一体、イタリアと日本の愛に対する価値観を隔てているものは何なのか？　なぜイタリア人はナンパが上手く、日本人は下手なのか？　イタリア人男性のナンパ癖を、「性的欲求の強さ」や、「モラル意識の希薄さ」だけで説明することが果たして可能なのか？

この革新的なテーマを追求し始めると、私はなかなか夜も眠れない。どうしよう、どうしよう、早くこの謎を解明しなくては……、と思っているうちに、深い眠りについた私。

ところが、ストレスから真夜中にナンパとはまったく関係のない、自分がライオンに襲われ、食べられそうになる夢を見た。ローマのコロッセオで、私が剣闘士になってライオンと戦っている!?　何という恐ろしい悪夢……。

いくら凶暴な人食いライオンが襲いかかってきても、なぜか私は平気。それどころか、夢の中のライオンという生き物は、まるで猫のように弱い。……？　私はまだ生きているぞ！

ところが目覚めると、なぜか見慣れた「白い毛むくじゃらの可愛らしい顔」が私の目の前にある。実は、いつも一緒に寝ている白い愛犬が私の上に覆いかぶさり、布団の上から私の体を前足で引っ掻いて、私を一生懸命に起こしていたのだ。ついでに、私の布団カバーは犬の毛とベトベトしたヨダレだらけ……。勘弁してよ～　もう！

スッポンポンな裸体は芸術か、猥褻か？

話はそれてしまったが、イタリアと日本の恋愛や性に対する考え方の相違を真面目に考えるとき、その背景には、イタリアと日本の本質　―歴史、文化、社会、人生に対する価値観等々―　の違いがはっきりと浮かび上がってくる。

イタリアの場合は、男女間の愛情そのものを尊重し、性を「恥ずかしいこと」だとは考えず、どのような場合においても、恋愛を「美しいこと」や「素晴らしいこと」だと捉えている。彼らのナンパにロマンティズムが必要なのも、それが単なる「性欲の解消」だけを求めるものでなく、愛が美学を追求したものであれば、それが正当化されると考えているからだ。

日本をはじめ儒教精神の強い国々などでは、性は不純なもので、結婚して子孫を残すためだけに許されるといった風潮が強いが、イタリアではそうではない。イタリア人は、まず恋愛や性を、「自然な欲求」として捉え、結婚や出産はその証だと考えている。

そのため人々は、自然の本能そのものの恋愛感情や性的欲求を無理矢理に押さえ込もうとするのではなく、「神から与えられた快楽」としてポジティブに捉えているのである。

そうした傾向は、ローマの街などを観光していれば至るところで目につく歴史的な「彫像」や「美術品」の中にも見てとれる。イタリアのちょっとした広場には、見事な人間の裸体の彫像がここかしこに置かれているが、それは当然、下半身までスッポンポン。どんな美術館でも、人間の裸をモチーフとした絵画がずらりと並んでいる。

有名なミケランジェロの彫刻やラファエロの絵画といった歴史的に芸術価値の高い作品も、その例外ではない。中には、宗教的モチーフの作品でさえ人間の裸体があまりにも写実的に描かれているので、見慣れていない日本人なら衝撃的だろう。日本では、性は隠すべきものだと教えられるから、露骨に「裸体」を表現することは、どんなに芸術価値が高い作品でも、日本人にとっては違和感を覚えるものだ。

イタリアでは、ルネッサンス期に素晴らしい芸術家を数多く輩出してきたが、もし彼らが、当時の日本で生まれていたら、「偉大な芸術家」として後世に名を残せなかっただろう。

日本では裸を描いたというだけで、公序良俗に違反したとして「島流し」くらいにはなったかもしれない。

ポルノ芸術全盛期の古代ローマ

ところで、イタリアのこうした人間の「性」や「裸体」に対する開放的価値観の歴史は、古代ギリシャ・ローマ文明にまで遡り、一夜にして生まれたものではない。

結婚や恋愛に対する戒律が厳しいカソリックのお膝元であるにもかかわらず、イタリア人が開放的に「性」を求めるようになった背景には、キリスト教が布教する以前の時代からの価値観が影響していたと考えられる。

古代ローマ時代には、その繁栄を背景に恋愛が非常に盛んで、淫乱なまでに性に対する価値観が開放的だったことは有名な話だ。ポンペイの遺跡からは男女がセックスするあからさまな場面の描かれたフレスコ画が数多く発見されているが、そのあまりの露骨な描写と猥褻さに、発掘された当時はすぐ壊されていたそうである。

中にはさまざまなセックスの体位を描いた絵や、集団での乱交シーンまで描かれた過激なものもあり、そうした絵はフレスコ画だけに限らず、客をもてなす高級食器やランプなどにも描かれていた。

そうしたポルノまがいのエロティックなフレスコ画や装飾品は、富豪や貴族の屋敷の客間やダイニング・ルームにあった。それは富豪や貴族が、多くの客をもてなし、楽しませるためにわざわざ莫大な大金を使って画家に描かせたものである。

つまり、古代ローマ時代ではポルノまがいのエロティックな絵画も贅沢な美術コレクションのように考えられていたのだ。当然、それらのものは幼い子供の目にも触れる場所にあったが、当時のローマでは、セックスが罪深いこと、背徳的なことだという概念さえなかったので、誰も気にすることはなかった。

そうした古代ローマの性に対する考え方は、現代の価値観からすれば尋常ではない。不倫や同性愛でさえ、不道徳な行為ではなかったからだ。

身分の高い男性は、自分より身分の低い女性ならば愛人にできたし、幼い少年と関係を持つようなことも特別ではなかった。皇帝でさえ、同性、異性問わずセックスに溺れた者も数多くいたし、一般的に貞淑を求められていたはずの皇帝の妻や娘でさえ愛人の男を作った。

皇帝クラウディウスの妻メッサリーナは、その絶大な権力を行使して、千人近い近衛兵と関係を持ったといわれるほど並はずれた淫乱で、自ら娼館に出向き、一晩に何十人もの男と関係を持ったという逸話があるほどだ。

古代ローマでは、セックスは権力と表裏一体の関係にあった。セックスに対してモラルという規範はなく、相手が誰であろうと、支配する者と服従する者という関係を象徴する行為にすぎなかったのである。

また、ギリシャ神話に纏わるギリシャ文明の影響を大きく受けていたから、人間の肉体的欲望は人類繁栄のために神から与えられた快楽として肯定的に受け止められ、それが性的なモラルの退廃へと繋がったと考えられる。

自然な人間性をよみがえらせたルネッサンス運動

その後、こうした性に対する自由な価値観は、キリスト教の台頭や戦争といった社会情勢の変化によって影を潜めるが、十四世紀から十六世紀に起こったルネッサンス（文芸復興）運動によって再び台頭するようになる。

中世では、キリスト教カソリックが強大な権力を持ち、イタリアのみならず、ヨーロッパ全域を支配していたが、北イタリアの都市国家が諸外国との交易により富を持ち始めると、「現実的世俗主義」を求める動きが富裕層を中心に芽生えるようになった。

やがてそれは、「自然な人間らしさの追及」や「現世の肯定」、「人間性の解放」といった古代ギリシャ・ローマ文明のヒューマニズムと結び付き、ルネッサンスという形で、芸術のみならず、哲学、思想の世界にも影響を及ぼすようになったのである。

それゆえイタリア人は恋愛や性を「人間の自然な本能」として再びオープンに捉えるようになり、社会制度や因習、宗教的価値観によって厳しく規制されるべきことだとは、あまり考えなくなったのだろう。

こうした歴史も踏まえて考えれば、イタリアで男性が女性に対してナンパに積極的なのも、女性が男性を挑発するようなエロティックなファッションを好むのも、ある程度説明がつく。

つまり、歴史的経緯の中で、古代ギリシャ・ローマ時代から受け継がれた文化的価値観を根拠に、「男女の営みを自然のまま受け入れる」といった考え方が社会に根強く刻み込まれてきたからこそ、イタリアが他の国々よりも進んだ「恋愛先進国」となったと推察できるからだ。

だからイタリア人男性の「ナンパ癖」も、単なる人間の原始的な性欲の強さや倫理観の欠如によるものだと考えることは、少し安易だと思えるのである。

（ただし、この推察はあくまでも私の想像によるもので、学術的根拠に乏しいのでご注意を）

開放的なイタリア文化VS超保守的なイスラム文化

どの国にも、恋愛とか、セックスとか、結婚とか、男女関係の在り方を規制したり、抑圧したりする価値観が存在し、誰もが本能のまま、自由に振る舞えるわけではない。

例えば、イスラム教の国々では、未だ一夫多妻制が認められているが、女性の婚前交渉や不倫といった反倫理的なことには因習や戒律が非常に厳しく、それを犯した者には法的な制裁が下されるのみならず、保守的な地方では「家族の名誉」を守るための「殺人」が合法化されている。この現代においても、女性が離婚を申し立てたり、夫以外の男性から性的暴行を受けたりした場合、夫や家族に恥をかかせたという理由だけで、女性が殺されているのだ。

ところが、封建的な時代においては、どこの国においても女性の権利が認められていなかったことを考えると、一概にイスラム教徒だけが特別だとは言い切れない。

中世のヨーロッパでも、夫が戦争に出かける際には、妻は鋼鉄で作られた貞操帯をつけなければならなかったし、女性が不貞のかどで魔女として「火あぶり」にされることも稀ではなかった。たとえ、それが噂や嘘であっても、「ふしだらな女」と烙印を押された女性に対しては、共同体ぐるみで厳しい制裁が行われていたのである。

中世のヨーロッパでは、キリスト教カソリックが絶大な権力を握り、その教義に違反する者に対しては、今のイスラム社会と同様、正当な裁判を受けさせることなく断罪を与え、厳しく処罰していた。それは、今こそ「ナンパ天国」のイタリアであっても、例外ではない。

しかし、そうした「暗黒時代」の反動から、人々は人間性を取り戻すためのルネッサンス運動を起こし、それが後に、宗教改革や市民革命へと繋がっていった。

やがてヨーロッパ諸国の人々が「自由と権利」を手に入れることができたのも、このような歴史的経緯を乗り越え、人々が努力してきた結果である。

そう考えれば、なぜイスラムの人々が「名誉殺人」にこだわるのか理解できる。彼らは、この現代社会においても未だ「封建的価値観に囚われた奴隷」だからだ。しかし、性欲に関して言えば、イタリア人男性より、イスラム系、殊にアラブ系の男性たちの方が勝っているかもしれない。アラブの国々では、現代でも「一夫多妻」が許されているからだ。

国や宗派によっても若干異なるが、一般的に妻は三人、聞くところによると、オマーンでは六人も持つことができるらしい。一方のイタリア人男性は、「奥さんは一人」で、ときどき「浮気」。その両者では、比較にならない。

無論、アラブ系の国々では「政略結婚」である場合が多いのだが、いくら頑強な男でも、六人もの女性を満足させるだけのセックスに励むことは、いくらバイアグラを使ったとしても並大抵のことではないだろう。

ナンパの図々しさ、しつこさについても、私自身の経験からいえば、アラブ系の男性の方が上だ。ナンパというより、ほとんどセクハラに近い。

遊牧民族の血筋のせいか、あるいは歴史的な男尊女卑の賜物か、とにかくアラブ人男性は強引に気に入った女性は自分のものにしようとする習性がある。彼らは、「自分より女性は弱い存在」と決めつけているので、相手の女性の意思などあまり尊重しようとしないのである。

中には、「女は寝てしまえば、思い通りになる」と思っている輩もいるので要注意。

私はエジプト人の運転手のタクシーに乗ったとき、シートベルトが壊れているという理由から助手席に乗せられたあげく、太ももを撫でられるサービス（？）を受けた。

運転手は、車を走らせてしばらくすると、私の「ダイコン足」の太ももをスカートの上から撫でてきて、「君のホテルの部屋に行ってもいいか？」と尋ねてくるのだ。私は、彼の「スケベな手」を払い、きっぱりと断ったが、それでも彼はしつこく迫り、私が強引にタクシーを降りると、失礼にも「中指」を立てて去って行った。

イスラム系の男性がみんなこうしたセクハラ魔だとはいわないが、イタリア人男性に比べると間違いなくナンパも露骨で強引だ。しかし、そうした行為にも、歴史や文化、宗教や思想の影響があることは否めない。だから、ナンパ問題も、単純に性欲の強さや男性ホルモンの分泌量で説明するわけにはいかないのである。

男は男、女は女

ところで話をイタリア人のことに戻すと、これまた歴史的影響かもしれないが、イタリアでは、男と女の違いを互いに素直に受け入れ、性を享受しているように思う。「男女の差異」を差別とは捉えず、異性のあるがままを互いに尊重し、自然に受け入れている。

日本の場合は、とかく男女平等の観点から、まったくといっていいほど男女の区別がなくなり、「看護婦」という言葉をなくして「看護師」に統一したり、同様に「保母」という言葉もなくして「保育士」に統一したりしているが、イタリアでは、無理やり男女を同化する風潮はほとんどない。それどころかイタリア人は自らの性を強調し、異性同士が挑発し合うことで、誰もが男であること、女であることを楽しんでいるようだ。

イタリアでも男女不平等が社会的に問題視されることはあるが、それは社会的権利の問題として捉えられているに過ぎない。就業条件や給料問題にはやはり男女の不平等が付き纏うので、イタリアでも女性の不満は大きい。けれども、それは女をやめるということを意味するものではない。そうしたジェンダーへのこだわりが、世界的に「絶滅危惧種」になりつつある「マッチョな男性」を温存させているのだろう。

愛の伝道師かオス犬か？

しかし、「愛」さえあれば、何だってＯＫと思っている彼らの国民性は、おとなしい日本人の価値観からは想像が及ばないことがある。

どこの国でも愛に関しては同じ価値観だと思っているのか、イタリア人男性は、海外に出ても、まるで散歩に出かけた「オス犬」状態。彼らは、外国でも全然物怖じしない「筋金入りプレイボーイ」。よく言えば「愛の伝道師」だ。

もしイタリア人男性を日本に無差別に入国させたら、たちまち日本はすべて彼らのテリトリーにされてしまうだろう。イタリア人が外国を占領するのに、武器も軍隊もテロリストだって必要ない。彼らには、愛（正確には性欲）さえあれば十分なのである。

「オス犬」を連れて外に出ると、あちこちに「オシッコ」をかけて自分のテリトリーを広げようとするが、イタリア人男性の求愛行動は、その「オス犬」の習性とよく似ている。

彼らは、外国で萎縮するどころか、自国と同じように女をナンパして、その図々しさと根性を発揮するのである。皮肉なことに、「郷に入らば、郷に従え（When in Rome do as the

Romans do.)」といった諺はイタリア人男性の辞書にはないらしい。(否、イタリア人男性はナンパに忙しく、勉強する暇がないので、そんな諺さえ知らないのかもしれない)

昔、国際的なメッセで、ある機械メーカーの受付の仕事をしているとき、金髪碧眼の小柄なイタリア人男性にしつこく追いまわされ、困ったことがある。そのイタリア人男性は、海外出張中の寂しさを埋め合わせるため、一夜を一緒に過ごしてくれる日本人女性を手当たり次第物色していたのだ。

こういう会場には、他にもそのような世界各国のビジネスマンで溢れ返っていた。当時、私はまったくの世間知らずだったので、世界には「スケベ根性丸出し」のビジネスマンが多いことに本当に驚かされた。

ところが、そのイタリア人男性は突出して執拗だった。他の外国人男性は、難なく撃退できるのに、そのイタリア人男性だけは、追い払っても、追い払っても、毎日のように自分の休憩時間には必ずナンパにやって来て、甘い誘いとともに、来場客に配るはずの「会社名入りティッシュ」とか、「ボールペン」とか、業務用の「サンプル」までプレゼントしてくれる。

彼のあまりの熱心さに、こちらの仕事がはかどらない。だから、仕方なく、私は会社の上司に相談し、彼に私の恋人役を演じてもらった。その上司は海外経験が豊富で、英語もかなり堪能だったので、「キツイ言葉」でイタリア人男性を牽制することに成功したのである。

ところが、そのイタリア人男性は、仕事は全然しないくせに、懲りることなく別の女性たちにも熱心なナンパを続けて、やがて彼の努力は功をなした。

私は仕事の後、同僚たちに誘われて繁華街に飲みに行くと、そのイタリア人男性が、見覚えのある派手な若い日本人女性と親しげに連れ立って歩いているのを発見した。それはメッセ会場でイベントコンパニオンとして働いていた女性で、その中でも、一、二を争うほど目立った美人だった。遂に、イタリア人男は一番「華のある女性」をゲットしたのである。

一方、私は、メッセが終わった数日後、恋人役を演じてもらった上司から思いがけない東南アジアの土産が届いた。

エルメス？　シャネル？　ヴィトン？　彼は私に好意があったのかしら⁉

期待しながら箱の中を開けてみると、そこには何とも不気味な「魔除けの置物」……。あまりにグロテスクな民芸調の置物で、到底、部屋に飾れるような代物ではない。それもインドネシアからわざわざ送られてきている。どうやら彼は、自分が恋人役を頼まれたことで、私に対して何か誤解してしまったらしい。

それにしても、「魔除け」だなんて……。これは、イタリア人男性が「魔物」ってこと⁉

確かに、イタリア人は「魔男」ではあるけれど……。

2. 日本人の閉鎖的で、いびつな性感覚

変わりつつある若者恋愛事情

近年、日本でも恋愛や性に対する人々の意識は、目まぐるしく変化しつつある。街中では、若い男女が堂々と手をつないで歩いているし、公園のベンチでは抱き合ってキスしている光景も珍しくなくなった。

結婚も、「恋愛結婚」が主流で、親の知人や会社の上司が仲人をするような「見合い結婚」は少なく、男女の出会いの場も、インターネットの出会い系サイトや、友人たちとの合コン、イベント会社が企画した「お見合いパーティー」など多様化している。

無論、昔のように「家同士」が半ば強制的に取り決めた「政略結婚」がなくなったわけではないが、昔ほど強制的なわけではない。

日本でも半世紀ほど前までは、「婚前交渉」が親や世間にバレれば、「ふしだら」と中傷され、女性なら「傷もの」扱いにされていた。それが今では、「できちゃった婚」が当たり前で、「妊娠でもしなければ、娘は結婚してくれない」と、それを歓迎する親までいる始末だ。

W不倫、離婚も当たり前。中には、人生計画もなく結婚と離婚を繰り返し、破綻した人生を

送る若者も増えている。日本の社会秩序は崩壊状態……。それもこれも「自由恋愛」というものが解禁された結果なのだろうか？

日本人の品格はどうしてしまったのか⁉　ああ、何とおぞましい〜！

大量に増える恋愛難民

でも、ご心配なく。日本人は、そんな「無節操な国民」に全員が成り下がったわけではない。現実のところ「自由恋愛」が主流になってから、逆に日本では結婚に慎重な人々も増えて、現実には「晩婚化」、「少子高齢化」に陥っているのである。

無論、そうした背景には、男女雇用均等法によって女性が働き、自立しやすくなったことや、経済状況のせいで結婚できない男性が増えたこと、個人主義的志向が高まり、結婚生活に縛られるよりも自由な生き方を選ぶ人が増えたことなど、様々な要因が挙げられる。

けれども、もっと深刻な理由で結婚できない。それは、「彼女欲しい〜」、「結婚をしたい〜」と切望していても、「恋愛の自由化」によって、そうした望みが叶わない男性が増えているのである。

小泉政権のとき、首相は国民に向かって「痛みに耐えてー！」と声を張り上げて、経済の自由化を推し進めたが、安易な自由化は過度な競争をもたらして、「経済難民」を生んでしまった。

それと同じように、「自由恋愛」の普及もまた、誰もが「恋愛自由競争」に曝される状況を作り出し、「恋愛難民」を増やしているのである。それも、恋愛難民になる確率が高いのは、圧倒的に女性より男性だ。

では、「恋愛難民」となる男性の一体何が悪いのか？　それは、私が今まで書いてきたように、日本人男性の女性に対する接し方や口説き方に多々問題があって、日本人男性の恋愛全般に対する「不器用さ」が大きく災いしているからだ。

では、もう一つ。なぜ日本では、恋愛に不器用な男性が多いのか？　それもまたさまざまな要因が考えられるが、やはり恋愛や性に対する日本の歴史的な思想や哲学がイタリアとは大きく異なっていたことが原因ではないだろうか、と私は考えている。

性をタブー視する儒教精神

日本では、儒教の影響によって、昔から性を社会的にタブー視する傾向にあった。

人々は性について、イタリアのように「自然な本性」として素直に受け止めるのではなく、恥ずかしいこと、汚らわしいことと考えて、できる限り他人の目から隠してきた。当然、セックスに関しても「男女の秘めごと」として扱われ、女性が肌を見せることも、人前で異性に好意を示すような態度や露骨な求愛行動を示すようなことも、淫らで、はしたない行為とされてきた。

しかも日本では、家父長制によって「男尊女卑」が建前とされてきたから、男性はあくまでも硬派に振舞い、女性や子供に対して権威的である必要もあった。男が女の尻ばかりを追いかけて、女に媚を売るような行為は、女々しいとか、男らしくないと思われていた。

つまり日本では、恋愛や性に対しての考え方が閉鎖的で、「自由恋愛」が育成されるような環境ではなかったということだ。さらに、親や世間体を無視した「自由恋愛」は、社会の風紀を乱す不道徳な行為で、「外聞が悪い」と思われてきたことも、日本人からセクシャルな恋愛観を奪い、異性に対して「よそよそしい態度」で接するような習慣を作り上げてきたように思う。

世の中には、「女遊びがすぎて結婚適齢期を過ぎても結婚しなかった」という男性もよくいるが、日本にはそういう男性はまだまだ少ない。それに、そういう男性も、未だ「一人前の男」とは認められず、世間から偏見の目に曝されてきたのが実情だ。

こうした日本人の封建的な考え方は、戦後になっても、日本人の「恋愛」や「性」に対する考え方や行動に、大きな影響を与えてきた。

明治生まれの私の祖父母など、生前、現代の若者たちのセクシーなファッションを憂いていたし、結婚前の独身の男女が一緒に出かけること（つまりデート）さえ快く思っていなかった。公園で恋人たちがキスしていたという話を聞いただけで仰天し、「世の中が乱れた。おかしくなった」と嘆いていたことを思い出す。

（ただし、いい歳をした孫娘が未だミニスカートとキャミソール一枚で堂々と出歩いていることを知ったら、私の祖父母もさぞやあの世で仰天しているだろう。おじいちゃん、おばあちゃん、ごめんなさい……）

恋愛後進国にさせたお見合い制度

また、古くからある「見合い制度」の存在によっても、日本のナンパ文化が阻害されてきたと考えられる。一世代前まで、日本での結婚は、伝統的に家同士の結びつきを目的としていたから、本人同士が自由な恋愛によって相手を選ぶのではなく、親や、周囲の世話役によって決められるのが一般的だった。

そのため、男女ともに、わざわざ自分で異性を獲得する努力は必要なかった。

今でも、ご近所や親類、職場の上司の中には、必ず「見合いオジサン」、「見合いオバサン」と呼ばれるボランティアエージェントが一人二人存在しているが、彼らは、結婚適齢期の娘や息子のいる家庭を「ＣＩＡ」や「ＭＩ５」以上の情報能力で把握し、適当に釣り合った家柄の男女を紹介して、早業で縁談を纏めてしまう。だから日本では、決して良い家柄でなくても、見合い結婚が成立してきた歴史的背景があったのである。

私も三十歳ぐらいまでは、「見合い」を押し付けられそうになったことがたびたびある。相手はたいてい、大地主や社長のお坊ちゃんとか、高学歴で優良企業勤めのサラリーマンとかで、その両親や紹介者が太鼓判を押すぐらいの「性格も頭もいい孝行息子」。普通なら、真っ先に結婚できそうな申し分のない男性たちばかり。

ところが、そうした見合い相手に共通する特徴は、結婚適齢期をとっくに過ぎても、彼女ができないこと。どうやら「おとなしすぎる」のが原因らしい。

故に、「おとなしい」男性の苦手な私は、名前も聞かず、写真も見ずにすべての「見合い」を断らせて頂いた。おかげで私は、ご近所、親戚からかなりの「馬鹿娘」扱いされているが、見合い経験ゼロのタイトル保持者でもある。

恋愛自由競争に立ち遅れるな！

しかし、自由恋愛が主流になった今日、「心に秘めた純愛」が実を結ぶことは一層難しく、恋愛成就には男女共に積極的なアプローチが必要とされている。幸か不幸か、誰もが、「恋愛自由競争」に曝されている時代だ。

この恋愛分野において、日本人男性はまだまだ時代遅れで、不器用だ。

日本の男性たちは、日本の金融業界や官僚組織同様に「護送船団方式」によって、社会から保護され過ぎた結果、恋愛においても、競争力を失い、腐敗を生み、立ち遅れてしまったことは否めないと思う。

おかげで日本は、ハイテク技術ではダントツ世界一の先進国でも、自由恋愛に関しては、かなりの後進国だ。日本人男性がナンパ下手なのも、個人の努力不足もあるだろうが、やはり歴史的・文化的な影響も大きいことは否めない。

イタリアのような「人間性の解放」を目指したルネッサンス運動のようなことが日本でも起きていれば、これほど日本人男性が恋愛や性に対していびつにはならなかっただろう。もっと素直で、オープンに、異性に対して接するようになっていたはずだ。

だが、今からでも遅くはない。今からでも……

馬鹿男と駄目男

このような歴史的、文化的背景は、日本とイタリアの国民性や文化の相違を、如実に反映している。たとえば、日本とイタリアでは、ナンパに対する発想もまったく逆だ。

日本では、公衆のド真ん中で、見知らぬ女性を口説くという行為は、節操のない、礼儀に欠けた、軽薄な「馬鹿男」のすることだが、逆にイタリアでは、公衆のド真ん中で堂々と女も口説けないのは、臆病で、自分に自信のない「駄目男」ということになる。

もちろん日本でも、行きずりの男性が女性をナンパすることはあるが、どうしようもない酔っ払いか、ホストクラブの店員か、思慮の足りない大学生か、はたまた軽薄なプレイボーイといった、文字通りの「ナンパ男」しかしない。

（ちなみにナンパという言葉は「硬派」の反意語の「軟派」に由来し、広辞苑によれば、「軟弱な風潮に関心を示す人々」が転じて「女性などを誘惑すること」を意味するようになったらしい）

イタリアでは、男性が女性を常習的にナンパしていても非常識ではないが、日本では、すぐにプレイボーイのレッテルを貼られ、社会的信用の失墜につながることになる。こうした社会的環境が、日本では、イタリアのような「ナンパ文化」の発達を阻害してきたのだろう。

沈黙は男の美学？

だが、日本で「ナンパ文化」が発達しなかった理由には、自虐的に自分の感情を押し殺すことが美徳と教えられてきた日本独自の精神主義の影響もある。このいびつな精神主義は、島国という閉鎖的な環境の中で、権力構造維持や集団主義を助長する目的で培われたものだ。「お上には逆らうな」、「臭いものには蓋をしろ」といった事なかれ主義の社会風潮は、日本人から自己主張能力、自己表現能力を奪ってきた。それは、自然な感情を率直に表現することが人間的な強さだと考えられてきた欧米的発想とはまったく逆である。

そのためか、日本では、色恋沙汰に疎く、あまり恋愛感情を表に出さない「硬派な男」が男らしいとされ、道徳的に好まれる傾向にあった。

日本映画などを観ていても、「心の中に秘めた純愛」が「美しい男女の姿」のように描かれている作品が数多くある。映画「無法松の一生」などはその代表作だ。

これは、ファシズムに向かう明治時代の日本を背景に、人力車夫の男の意地と生き様が、この上なく見事に、感動的に描かれた、あまりにも有名な日本映画だ。

ストーリー全体に、典型的な「日本男児の美学」が表現されているが、最後まで主人公の松五郎は、好意を寄せる美しい陸軍大佐の未亡人に、思いを打ち明けられずに死んでいくのがあまりにも悲しい。日本映画の秀作の一つである。

実は性にオープンだった江戸時代

ところで日本は、表面上、あまり性に対して解放的な社会環境でなかったのは事実だが、実際にはどうだっただろう？

確かに日本では、恋愛は「男女の秘め事」であり、現代でも、それを大っぴらにひけらかすことはあまり好まれていない。男と女が人前でベタベタすることは不謹慎だと世間では思われれ、隠されている。だが、日本人が、本当に性に対して清廉潔白な民族なのかどうかは、かなり疑わしい。

というのも、昔の日本では男性が公然と愛人を持つこともあったし、一九四六年の赤線廃止までは「遊郭」も違法ではなかった。田舎の閉ざされた農村では、夜中、公然と人妻の家に男性が通うという乱交まがいの風習があり、それは戦前まで珍しくはなかった。

江戸時代、有名な浮世絵師によって描かれた「春画」には、現代のポルノなんか足元にも及ばないほど、リアルに男女の濡れ場が描かれている。「貧乏人の子沢山」は当たり前で、残酷にも、貧しい農村では、育てられない子供は、生まれてすぐに間引きされていた。

このような事実一つ取り上げても、日本人が性欲に対して自制してきたとは考えにくい。「外国人に比べて日本人は性欲が少なく、道徳的にも本能的にも性に対して潔癖だ」と主張する人々もいるだろうが、そんな根拠はどこにもない。

近年の東南アジアへの買春ツアーや、変質者による事件、氾濫するアダルト向けの猥褻本やインターネットサイト、エイズ感染率の増加を見ても、他の国々の男性同様、日本人が一人前の性欲を持ち合わせていることは一目瞭然である。

これらは決して外国文化の影響によるものではなく、日本社会の慣行や道徳観念によって、精神が抑圧され続けた結果生じた、日本独特の性欲解消法だ。性を、外に向けて、素直に、ストレートに表現するのではなく、内向的に消化しようとするのは、実に「むっつりスケベ」というやつだと私は思う。

男に地獄なバレンタインデー

このような「ナンパ文化」の未熟さを考慮してなのか、日本ではバレンタインデーにチョコレートを女性から男性に贈る。こういう習慣があるのは日本だけ。海外では、男性から女性に花やチョコレートを贈るのが一般的である。

しかしながら、日本でバレンタインデーに「女性から男性にチョコレートを贈る」ことを普及させたのは、日本経済にとっては大成功だった。もしも日本で、「女性から男性にチョコレートを贈る習慣」を普及させていなかったら、日本のお菓子業界はチョコレートの売上でこれほど儲からなかっただろう。それに、バレンタインデーそのものが日本に定着しなかったかもしれない。おかげで毎年、バレンタインデー間近のスーパーのチョコレート売り場は、一度に何十個ものチョコレートを買う「女の戦場」だ。

それは、日本人女性が、日本人男性よりも異性に対して積極的なアプローチができることを意味している。何しろ、義理であれ、本命であれ、バレンタインデーは「愛を告白する日」である。

ちなみに、バレンタインデーはキリスト教の聖人バレンタインが殉職した日。こんないわれも知らないで、「今年、俺はチョコレートを〇〇個もゲットできた。俺ってモテるんだな」と喜んでいる男も情けないが、チョコレートを一個も貰えなくて、ひがむ男はもっと情けない。

日本には、バレンタインデーに女性からチョコレートを貰えないという理由だけで、登校拒否や出勤拒否をするような情けない男までが出現するようになったからである。

その結果、日本では平等主義に乗っ取り、男性全員がチョコレートを貰えるように「義理チョコ」などという変テコな風習まで生まれた。

ところが、近年の不況を背景に、女性の経済的負担軽減のため、こうしたバレンタインデーのチョコレート配りを自粛する動きが強まり、チョコレート持ち込みを全面禁止する学校や会社も出てきている。制度的に全面禁止し、男性全員が女性からチョコレートを貰えなければ、これまた平等というわけだ。

こういう内向き思考しかできない日本人男性の姿を見ていると、男の強さとか、男のプライドは完全に消えてしまっているように見える。もし、自分に自信があれば、女性からバレンタインデーのチョコレートを貰うことなど気にしないだろうし、自分から好きな女性に直接告白できるはずだ。しかし、それができないというのは、「大人の男」として失格である。

以前、私は近所のコンビニエンスストアで、バレンタインデー用に綺麗に包装されたチョコレートを自分で買う男性の姿を目撃してしまった。彼は店に入ってくると、選ぶ様子もなく、いきなり何個ものチョコレートを買い、急いで店を出て行った。その間、約三十秒。

きっとそのチョコレートを、「女性から貰った」と偽って、家族や友人に自慢するため、自分で買って帰ったのだろう。よほど体裁が悪かったのか、そのときの彼の慌てた態度は、「下着ドロボー」でもしているかのように印象的だった。

バレンタインデーは、今やなくてはならない日本の国民的行事。大量の義理チョコを配らなくてはならない女性も大変だが、義理チョコさえ貰えない男性にとっては相変わらず受難の日なのである。

頑張れ、日本男児よ。「自分はモテない」なんてへコんでいないで、仕事も、恋愛も、西洋に追いつけ、追い越せ！

第八章　同じマザコンの国なのに、正反対な「男らしさ」

1. マッチョを誇示する「ちょい悪」イタリア人男性

男性フェロモンは蜜の味？

イタリアに初めて訪れたとき、凄く驚いたことがあった。それは、イタリア人男性の容姿。毛深く、厳めしく、みんな「男性フェロモン」をムンムン漂わせている。

夏だったせいか、肌は浅黒く小麦色に焼けて、筋肉で引き締まった肉体を惜しみもなく露出し、みんな汗臭そうだ。漆黒の髪にべっとりしたポマードをつけて、わざと「ギラギラ脂ぎった男」を演出している男性もいれば、シャツのボタンをわざとはずして、「自慢の胸毛」を見せている男性もいる。

一見、清潔そうに見えるビジネスマンさえも、ウエストを絞った細身のスーツで広い肩幅を強調し、男性的な演出に余念がない。さすが「アルマーニの国」と言いたいところだが、とにかくイタリア人男性を見ていると精悍さが鼻に付いて仕方がない。しかも、当時、イタリアでは口髭を生やしている男性も多く、なぜか口の周囲に髭で円を描いた、まるで漫画の中の「泥棒カット」が流行していた。

さすがにそれを見た時には、私も大笑い！　みんな「唐草模様の風呂敷」と「ヨコジマの囚人服」が似合いそうなのである。

男は、やはり男らしい方がモテるのだろうか？　世の中には、男性の筋肉や汗を見て、官能的に欲情する女性もいるらしい。

事実、古代ローマでは、女性たちが強靭なグラディエーター（戦士）の汗を欲しがり、それを彼らの体からスプーンでかき集め、香水代わりに自分の体に塗っていたそうだ。

が、私にはそんな趣味はない。汗は、汗。成分はおしっこと大差ない。だから、私は汗臭い男が大嫌い。引き締まった筋肉も、この頭脳優先の現代社会ではあまり意味はない。その上、私は「ソース顔」より「しょうゆ顔」が好みだから、イタリア人男性を見慣れるまでには、かなりの時間を費やした。

イタリア人男性を見ていると、どうしても濃い口の『ウスターソース』を思い出し、毎日トンカツを食べているような気持ちになってしまうからだ。たとえどんなにハンサムなイタリア人男性であっても、長い時間一緒にいると、次第に胃もたれが起り、胃薬が必要となってくる。さすがに今では、イタリア人男性に対する偏見はなくなったが、やはりマッチョな男らしい容姿だけは、どうしても私の好みからかけ離れている。

私は、どうしたらいいのだ⁉　もはや、この地球上で私をナンパしてくる男はイタリア人しかいないのに！　この不幸な男日照りの人生から脱却するためには、私はマッチョに慣れないといけないのだろうか？

そうだ……、まずはマッチョに慣れるため、古代ローマ風に男の汗の臭いでフェロモンを感じる努力をするとしよう。何だか変態になりつつある気分……。

ちょい悪がイタリア流

イタリアで求められる男としての資質。それは良くも悪くも「男は男らしくあるべきだ」ということである。そのため、イタリア人男性は、肉体的にも精神的にも決して自分の男らしさを隠そうとしない。

日本ではどちらかと言えば、髭が濃い、体が毛深い、頭がハゲている、汗臭い、ペニスが人並みはずれて大きい等、男らしさを象徴する肉体的特徴は不潔と嫌われているが、イタリアでは、不精ひげや、濃い胸毛、脂ぎった上半身の裸体でも、平然と男の象徴のように見せびらかしている。性格の点においても、日本では粗暴な男性は少ないが、イタリアでは気性の激しい男性も少なくない。

どんなに白熱したサッカー試合を観戦していても、日本人男性はフーリガンのように暴力的なことは決してしないが、イタリア人男性が興奮して、激昂している姿をよく見かける。

つまり、日本人男性は日頃、男性本能をオブラートに包み込むように隠して生きているが、イタリア人男性は男性本能を剥き出しにして生きている。それだけイタリア人男性の方が日本人男性よりも、原始的で、テストステロン（男性ホルモンの一種）の分泌が多く（?・）、ステレオタイプ的な男性像にイタリア人男性の方が当てはまりやすいのかもしれない。

と言いつつも、イタリア人男性の天真爛漫で、男性本能そのものを隠そうとしない姿は、ときに子供っぽく、単純で憎めない。彼らは、一見、陽気で、騒々しく、いい加減で、大雑把で、軽薄な性格にも見えるが、良くも悪くも自分の欲望に素直で、卑屈な面があまり感じられない。それに、いい歳をしたオヤジになっても遊び心の誘惑に勝てず、家族や奥さんの目を盗んで人生の快楽をトコトン享受している姿には脱帽だ。

精神面でも、セクシャル面でも、常に「男性であること」を誇示しているのは、彼らは「男」であることに自らのアイデンティティーを感じているからに他ならない。

だから、「男らしく振舞うこと」が、たとえ思考や行動に倫理的欠如を生じさせる結果になったとしても、イタリア人男性にとっては自然なことなのだろう。それがイタリア人男性を、女好きで、マッチョな「ちょい悪オヤジ」に見せている要因の一つになっている。

ちなみに「ちょい悪オヤジ」の意味をインターネットで調べたところ、「不良がかった中年オヤジ」のことで、雑誌で使われたことが始まりらしい。日本で活躍するイタリア人男性タレントがその原型らしいが、これほどイタリア人中年男性全体のイメージを的確に表現した言葉

は見当たらない。（日本は、こういうネーミングがホント上手い国である）

「ちょい悪」という言葉の原型となったイタリア人男性タレントも、独身時代は「相当なプレイボーイ」だったそうだ。

「一度に何人もの女性と付き合い、デートはいくつも掛け持ちだった」とテレビのバラエティー番組で、自分の若き日の武勇伝を、楽しそうに、あっけらかんと告白していた。そんな彼は、まさしく真のイタリア人男性。番組収録中も、若いタレント女性を口説いて楽しんでいた。

女たらしのイタリア人男性と結婚するのは、発情期のオス犬を飼い馴らすのと同じこと。

でも、どこかへ遊びに出かけてしまっても、必ずちゃんと「飼い主（妻）」の処へ戻ってくるので安心だ。そこだけは、なぜか律義なのである……。

マザコンは男らしさを助長する？

しかし、このようなイタリア人男性の「マッチョな外見と気質」は、男性ホルモンの働きのみならず、社会全体におけるジェンダーに対する封建的な価値観と、家庭生活での躾によって守られてきたものである。

イタリア人男性は、一般的に、マザコン（mammismo／伊マンミスモ）と言われているが、外見だけ見ている限り、日本で連想するような「冬彦さん」的イメージ（日本のマザコン男の代名詞）とは、かなりかけ離れている。

日本では、とかく「マザコン男性」といえば、母親から甘やかされ、母親に支配され、母親に依存した、母親から自立していない、弱々しく未熟な人間を連想させるが、「イタリア的マザコン」は、息子が、母親という「絶対的存在」を前に、その愛情に逆らえないことを意味している。

日本でも同じだが、社会的には弱者であり、男性と同等の地位が認められていない女性たちであっても、家庭内においては男性より立場が弱いとは限らない。まして「カソリックの国」で、家族主義的な考え方が根強いイタリアでは、「父母を敬愛する」という理念が尊ばれ、無限の愛情で子供たちを育て、守っている母親は、偉大な尊敬すべき存在として扱われている。

そんな彼女たちが、家庭内で支配的であったり、権威的であったとしても不思議ではない。事実、イタリア人女性の場合は、生来、従順でもなければ、か弱くもない。情は深いが、総じて我が強く、パワフルで、男性以上に強い面がある。

ときどき聴こえるイタリア人の夫婦喧嘩は、たいてい、奥さんの物凄い「金切り声」で始まり、強い奥さんが旦那を捲くし立てるというのが通例だ。普段はエレガントで、一見物静かなイタリア人女性たちであっても、怒らせてしまったら最後、その態度は豹変し、日本人では考えられないほどヒステリックになって感情を露わにする。

このような母親を持てば、息子が「マザコン」になるのも当然だ。子供を叱るとき、イタリアの母親は情け容赦ない。ベネチアで、私が友人のアパートに滞在しているとき、上階の部屋に住む幼い子供の母親の怒鳴り声に何度もビックリさせられた経験がある。

毎朝、ちょうど私がシャワーを浴びている時間、上の階のイタリア人の母親が、子供を捲くし立てるように叱りつける。それに呼応するかのように子供たちも泣き叫んでいるのだ。ベネチア本島の建物は古いので、少しでも窓が開いていれば、近隣の声は丸聞こえ。その叱り方の凄まじさに驚いて、虐待でもしているのかと思った私は、大家の友人にそのことを話すと、「いつものことだよ」とそっけない一言。どうやら母親は、朝食を早く食べない子供たちを毎朝叱りつけているらしい……。

確かに、母親がいうことを聞かない幼い子供を厳しく叱りつける光景をイタリアではたびたび目にするが、「ここまで怒らなくても……」と日本人の私には思えてしまう。

何しろ日本では、ファミリーレストランで子供が大声で騒いで他の客に迷惑をかけても、まったく注意しない母親さえいるほど自分の子供に対して過保護だが、イタリアでは決してそうではないからだ。

倫理観の根底には、親への「絶対服従」があり、言うことを聞かない子供には厳しく叱るというのが、イタリア流の子育て。このような母親に育てられれば、必然的に息子が「ひ弱」になっている暇がない。だから、同じ「マザコン」といっても、日本の男性のように母親からやさしく甘やかされて育った「冬彦さん」イメージとは、根本的に質が違うのも当然だ。

まだまだ健在な昔堅気の頑固オヤジ

また、イタリアでは昔堅気な「頑固オヤジ」の存在も、息子の教育に影響を与えているように思う。『鉄道員』や『ニュー・シネマ・パラダイス』といった昔のイタリアの下町を舞台にした映画の登場人物にも見られるように、自分の生き方や自己主張にこだわりを持つ男性が結構多いのだ。

それだけ自分に信念とプライドを持っている表れかもしれないが、ニヤけた仮面の下にも、「俺は男だ！」（注・森田健作主演ドラマではありません）という意識を常に持ち、自分スタイルを変えない態度は、古風にも見える。イタリアに限らず、欧米全体に見られることだが、子供、とくに息子は「男」としてどうあるべきかを、幼いときから父親の姿を見習い、母親から諭されて育つ。

かつて日本でも、「息子は親父の背中を見て育つ」といわれていたが、欧米では、未だ伝統的な家族制度や、代々の家業が受け継がれている地域も多く、基本的に男性の役割は今でも家族や共同体を守ることにあるからだ。

男性には自立心や主体性はもとより、強さや気骨が求められ、社会や家族に対して義務と責任を果たせるようにならなければ、「一人前の男」として認められることはない。そのため息子であっても、幼い頃から家事の手伝いをさせたり、地域社会に貢献できるような活動に参加させたりして、責任感や社会性を身に付けさせようとする。

欧米の若い男の子たちが、日本人から見れば、ときどき奇妙なほど背伸びした、大人のような立ち振る舞いや会話をするのも、こうした教育による賜物だ。

幼い男の子でも、自分が家族や社会から「一人前の男性」として扱われるために、「男としてどう振舞うべきか」、大人の男としての役割を必死で覚えようとするのだ。

学校教育よりも社会性

こうした教育は、日本のように、社会が敷いた人生のコースから外さないために、母親が息子には「学業以外」は何もさせない、何も覚えさせないといった家庭教育とは本質的にまったく違う。

とかく日本の母親は、子供の教育は学校を基準に考え、学校における子供の適応力や成績や進路ばかりに気を使い、社会的なマナーや道徳的教育、精神的教育はないがしろにする傾向にあるが、欧米の家庭では、学校教育にばかりに頼らず、各家庭で、子供にも大人と同じような義務や責任を課すことで、「大人としての人格」を作ることに重点が置かれている。

そのため欧米では、家庭教育までもが学校教育の方針によって振り回されることもなければ、「勉強さえできればいい」といった知識偏重に陥ることもない。「学校教育が人生を支配する」といった考え方が、欧米では皆無に近いのである。

確かに、欧米でも大学を卒業すれば、ホワイトカラーの良い職は得られるが、日本の大学のように入学してしまえば誰でも大学を卒業できるわけではなく、大学入学後に本人の学問に対する努力と才能が問われることになる。

あくまでも学歴や地位を得ることは、自己責任。従ってイタリアでは、日本や韓国のように過剰な受験競争はなく、子供たちが学校基準に縛られていない生活をのびのびと送っている。

こうした考え方から、イタリアなどでは、午前中しか授業が行われていない学校もあり、夏休みも三ヶ月近くと長く、大学の入学試験さえもない。こうして子供たちは、必然的に放課後、家族や同じ地域社会の人たちと過ごす時間が多くなる。

そうした日常生活により、子供たちは学校という枠組みだけで工場生産されたような「モヤシっ子」になるのではなく、自由な自立性の高い子供に育つ。年齢や、環境の違った人々と多く接することは、社会性や社交性を身に付けさせるよい機会となるからだ。

できない。

騎士道精神も男を作る

また、イタリア人男性の気質には、やはりジェンダーを意識した封建的価値観の影響が無視できない。

前近代的社会においては、男が男らしくあるべきことは、当然のことだった。家庭や社会での役割において、男は狩猟や力仕事を任せられ、外敵から家族や共同体を守る義務があった。それが男としての使命であり、男の度量を示すものだったからだ。

男性としての肉体美や精神が大切にされるのも、それが男性としての強さを象徴するものだからだろう。日本においても、封建的な時代においては、男が男らしく振舞うことは、当然のことであり、「武士道精神」が尊ばれていたのもそのためである。

イタリアにおいて、男性がマッチョなのも、前近代的な封建主義の名残りの一つだ。

そのためか、よく見れば、イタリア人男性はみんな「中世の十字軍の騎士」、あるいは、「古代ローマのグラディエイター（剣闘士奴隷）」のような格好がとても似合いそうである。

事実、イタリアの各々の都市では、祭りのとき、中世に履いた衣装を着けて「旗投げ」が行われているが、そのときのイタリア人男性の姿は、とても勇壮で、華麗だ。

この行事は、それぞれの都市の住人たちの団結と誇りを示すシンボルである旗を振ったり、交互に投げ合ったりして、その技や美しさを披露するものだが、こうした伝統の中にも、男性の強さと美しさを見ることができる。

（ただし、マッチョなイタリア人男性の、中世そのままの「タイツ姿」にセクシーな魅力を感じるならばの話だが……）

また、勝手な推測だが、一見モダンな国家に見えるイタリアにおいて、このような封建的価値観が未だ近代化と矛盾したように共存する背景には、十九世紀に国家統一を果たすまで、イタリアの一つひとつの町が独立した都市国家だったことが考えられる。

イタリアの都市国家では、男たちはみんな他国の侵略から自分の町や家族を守るため、命がけで戦わなければならなかった長い歴史があり、それ故に、戦いで勝つ強靭な肉体や精神の強さこそが、男として必要な資質と思われてきたのだろう。国家統一後も、依然として封建的な地方色が明確で、闘争の歴史を歩んできたことの古くさい価値観や因習を残しているのは、こうしたことが原因とも考えられる。

いずれにせよ、こうした国家の歴史と、絢爛で洗練された文化と芸術が結びついて、男のダンディズムを作り上げ、世界的に絶滅危惧種となりつつある「マッチョな男性」をイタリアで温存しているのは事実だ。そして、彼らのジェンダーに対する古典的で時代遅れな価値観が、逆にファッションの世界では最新モードを牽引する原動力になっていることは、少し皮肉にも感じられる。

もしイタリアがこれほどジェンダーを意識した社会でなかったら、「男らしさ」「女らしさ」を格好よく引き立てることのできるアルマーニやグッチ、フェレ、プラダ……といった洗練された美意識のブランド・ファッションが生まれただろうか?

いくらマザコンでも

ところで、知り合いのイタリア人男性の中に、何でも「母親」を口実にする「超マザコン」がいる。

母親と一緒に暮らしているわけでもないのに、自分の都合の悪いときには、何でも「母親」を口実にするのだ。約束の時間に遅刻してきても、「両親の家に寄ったら、母親が昼食を食べて行けというものだから」と言い訳したり、早く帰りたいときには、「母親から家の修繕の手伝いを頼まれた」と言ってみたり、友だちを自分のアパートに招きたくないときには、「今日は母親が俺の部屋の掃除に来るんだ」と言ったりする。

聞けば、年老いても子離れできない「おせっかいなお母さん」なようだが、「母親」と言われてしまうと、当然大事にしなければならない存在なので、私は彼の言い訳を疑うようなことはなかった。

ところがある日、私は彼と会う約束をしていたが、直前になって「母の誕生日だから」という理由で「約束の時間を遅らせてくれ」と言ってきた。当然、彼の言葉を信じた私……。

ところが……。私は街中で、背が高く、派手な金髪のセクシーなお母さんと一緒に歩く彼を発見！　彼のお母さんにしては、かなり若い。一体母親が何歳のときに、彼は生まれたのだ!?　彼のお母さんは、ゴージャスな毛皮コートを身にまとい、一見高級そうな赤いハイヒールのパンプスまで履いている。一瞬目を疑った私……。好奇心にかられた私は、二人の後を追跡調査……。すると二人はバーに入り、窓際の席で人目も憚らず手を取り合い、イチャイチャ……。これがイタリアの息子と母親の典型的な関係なのか!?　あまりの衝撃的なイタリアの親子関係に動揺した私は、それを別の知り合いに話すと、次のように説明してくれた。

「あいつに、『大勢の母親』がいることを知らなかったのか!?　本当の母親は年寄りだが、他の母親はほとんど若くて美人なのさ」

私、「……」。

やはりイタリア人男性のマザコンぶりは、噂以上にすごかった……。

2. やさしいけれど、ひ弱で幼稚化する日本人男性

増えるジャニーズ系美男子

最近、日本人男性の容姿は、昔とは比べものにならないほど向上している。

みんな顔立ちが端正で、背が高く、垢抜けしているのだ。「イケメン」、「美少年」という言葉がよく使われるが、そうした言葉が当てはまる青年は、ジャニーズ系のアイドルタレントや、俳優に限らず、身の回りでも結構多く見られるようになった。

私の家の近所のスーパーマーケットでも、まるで「漫画の中の美少年」のような顔立ちのアルバイト店員がレジにいて、そのことがオバサンたちの間でひそかな話題となっている。その男の子が働いているときは、思わず私もそのレジに並んでしまう。(こんな自分が情けない……)

私の母は、スイミングプールにせっせと通い、まだ若い「水泳の先生」の筋肉で引き締まったスレンダーな身体を、いつもうっとり見とれているらしい。

やはり「育ち」の影響は大きい。物質的に恵まれた時代に育つと、みんな垢抜けする。おかげで、現代の若い男性を言い表すとき、厳めしいとか、むさ苦しいといった形容詞が死語になりつつある。

ところで、最近の日本人男性は、容姿が向上する一方で、街を歩いていると、「男」か「女」か、区別できないような若者もよく目にするようになった。みんな華奢で、色白で、端正な顔立ちの優男ばかり増えたものだから、よく見間違えてしまうのである。

最近、近所のドラッグ・ストアーの化粧品コーナーで、若い女性店員だと思って声をかけると、太い声をした「お兄さん」だったので驚いた。女性用のムダ毛脱毛剤のことを尋ねようと思ったが、さすがの私も「お兄さん」には尋ねられず退散。

一方、レジでは、若い二十代前半の「ヤンママ」が、自分の息子たち相手に「おまえらぁ、こんなもの買わんと言っただろうがー　早く棚に返してこい！」と、男のような「低いどなり声」を出しているので、さらに、そちらにも仰天……。

日本人全体の育ちが良くなったせいだろうか、あるいは、何かの要因で男性も女性もホルモンが退化してしまったのか……。

まるで日本では、男性ホルモンと女性ホルモンの作用が逆転してしまったようだ。

とにかく、昔のように「しとやかな女性」が少なくなった一方で、小汚く、男性ホルモンをムンムンさせた、厳めしい男性も見かけなくなった。どちらかと言えば、ひ弱で、過保護に育てられた「もやしタイプ」ばかりである。しかし、「男」なのか「女」なのか区別できないことは、本当に困ってしまう。

日本の空港で、私の前を歩く若い日本人女性に付いて行って「女性用トイレ」に入ろうとしたら、実はそこは「男性用トイレ」。中から出てきた白人男性に阻止されて気がついた！　私の前を歩いていたのは、実は、「若い女性」ではなく、「若い男性」。哀れな私は、もう少しで「男性用トイレ」を覗こうとした痴女になるところだった！

それとよく似た話で、知り合いの日本人留学生の若い男性は、「ボクが、（留学先の）大学のトイレを使っていると、いつも後から入ってきた男性がボクの後ろ姿を見て、慌ててトイレから飛び出し、わざわざドアの《男女マーク》を確認するんですよね～」と、腹立たしげに話してくれた。

確かにその留学生の男の子は、髪も少し長髪で、髭も薄く、お雛様人形のようにやさしい顔立ちをしていた。当然、外国人が彼を女性と見間違えても不思議はない。しかし彼は、そうした自らの置かれた客観的事実を受け入れられないらしく、「ボクが女装したオカマに見られている」といささか憤慨気味……。

だから私が、「別にいいじゃない。これからは女子トイレを使えば。誰も気がつかないからさぁ」というと、「えー、冗談じゃありませんよ！」と、もっと怒らせてしまった。

まだ、彼には男としてのプライドが残っていたらしい……。

日本でモテる、優男

それにしても、太古の昔から日本人女性が好む男性は「やさしい男性」だった。逞しく、頑強で、豪快なイメージの体育会系の男性は、その無骨さから敬遠されて、どちらかと言えば、スマートで、やさしく、洗練された男性が日本人女性には人気があった。

紫式部が平安時代に書いた源氏物語の主人公「光源氏」のようなプレイボーイでさえも、現代女性には憧れの的だ。女性向け漫画を見ても、カッコイイとされるタイプの男性は、「お伽の国の王子様」か「クールで気取ったミュージシャン」のような軟なタイプで、強面《こわおもて》の男性はいつもダサい三枚目と決まっている。

女性に人気の男性タレントやアスリートたちも、運動神経は良くても、従来型の体育会系とは一線を画す「さわやかなイケメン」の優男タイプばかりである。汗臭く、男性ホルモンをムンムンさせた厳つい男性は、生きた化石になりつつある。

おかげで、日本のホストクラブは大繁盛。天性のプレイボーイであるイタリア人男性でさえ、マッチョな男性的容姿がマイナス・イメージになって、日本人女性のナンパが上手くいかないことがあるのに、「ホスト」と称する日本の美男たちは、外見と口の上手さしか取り柄がないくせに、それでも女性に貢がせて大金を荒稼ぎしている。

まあ私には興味ないが、需要と供給が成立している限り、そういう関係もあっていいのかもしれない。まったく、日本の男たちも変化したものだ。

腐った男は食べられない

ところが、日本に増殖中の「現代の優男」たちに、必ずしも、大人としての人格や思慮分別、本当の意味での人間的強さが備わっていないことが大問題である。「うわべ」は垢抜けていても、精神性が低く、わがままな男性は、若い世代を中心に結構多いのだ。

一見、育ちが良さそうに見える男性でも、付き合い始めると、たちまち甘えと利己心が顔を見せ始め、自分の思い通りにならない女性に対して暴力をふるったり、ストーカーしたりするケースも少なくない。男らしくないくせに、相手にばかり自分の欲求を求めるのだ。

謙虚でおとなしそうに見える普通の男性が、実は自己愛が強く、自己中心的だったり、学力や知識は人一倍ある優等生なのに、良好な人間関係を作れず、屈折したコンプレックスを抱いていたりする二面性があったりするケースも多い。

こうした男性は、一度、自分が思い通りにならない局面に陥ると、自分で何とか努力するのではなく、すべてを他人や周囲の環境のせいにして逆恨みしたり、短絡的に自分の欲望や虚栄心を満たすために、手段を選ばず破綻的な行動に出たりする。

嫌がらせ行為で付き合っている女性とトラブルになるケースが多いのも、「女性から嫌われるのは自分に原因があるのではないか」と考える以前に、「自分を愛してくれない相手に非がある」と一方的に思い込んで、相手を自分の思い通りにさせようとするためだ。

しょせん恋愛というものは、自分の愛情が相手に受け入れられなければ成立しないものだが、ひ弱な人間は自分が傷つくことを恐れ、他者に依存しようとする傾向を持っているので、「愛さえあれば、何をしても正当化される」という身勝手な理由から、強引に相手を自分の思い通りにしようとするのである。

つまり、そうした人間は、自己愛が強い半面、自分に本当の自信がなく、気が小さいくせに、大胆な行動に出ようとする不器用なタイプである。本当に自尊心のある男なら、女性にフラれても、自分をもっと磨き、努力して、見返してやろうと思うものだ。だが、ひ弱な男ほど自分に自信がないために、必死で「逃げた魚」を追いかけようとする。

その未練がましさは、本当の愛情によるものではなく、付き合った女性を所有物としか見ない支配欲や独占欲、傲慢さに起因しているように思える。幼稚で、未熟であるが故に、他人に対して「自分と同じ意思を持った一人の人間」として接することが出来ず、所有物のように扱ってしまうのだろう。

本当の「人間の優しさ」というものは、他者に対する思いやりや寛容性から生まれるものだが、現代の男たちはひ弱なだけで、真から優しさを持っているわけではない。真の優しさを持った人間は、ときとして自己犠牲を払っても、相手の気持ちや立場を考える「強さ」を持っているものだ。

しかし、ひ弱な人間は、「うわべだけ」の優しさを持ち合わせていても、自分の欲望や利己心をコントロールできず、自己犠牲を嫌がり、卑怯なこともしてしまう。

昔は、こうした男のことを「腐った女」に例えられていた。女性の方が男性に比べて「情念」が深く、感情に振り回され、理性的判断や合理的思考が劣っていると考えられていたからだ。

ところが、今日の日本ではその立場が逆転し始めている。女性の方が、竹を割ったような性格で、サバサバと大らかに生きているのに、男性の方が、ウジウジと物事に執着しながら委縮して生きている。

もはや近い将来、「腐った女」といった表現はなくなり、代わりに「腐った男」という表現が一般的に使われるようになるかもしれない。しかし、「腐った男」などまずくて到底食べられるものではない。豆の腐った納豆の方がまだマシだ！

（私は納豆嫌いだが、水戸の納豆は美味しいのでご容赦を……）

息子を甘やかす母親と存在感のない父親

こうした精神構造は、社会や家庭、学校で作られているいわば現代病のようなものだ。中でも、それにもっとも影響を与えているのは、やはり家庭教育だろう。

貧乏人の子沢山の時代には、「男」はたとえ子供であっても、一家を支える大事な労働力として扱われていたが、今の少子化で裕福な時代には、むしろ息子には「社会で出世させること」が重要になっている。そのため母親は、息子を「社会のレール」から外さないことに懸命になりすぎて、家事の手伝いもさせず、手とり足とり世話を焼いて、学業以外のことはすべて甘やかしがちになっている。

過剰な学歴社会の中で、日本の多くの親たちが、息子が学校でいい成績を修め、いい高校・大学に進学し、いい職業に就くことを教育の成功と考えるようになってしまったからだ。

成人して下宿先で一人暮らしを始めても、完全に自立ができず、毎朝、母親からの「モーニング・コール」で起きているような息子だって珍しくはない。最近では、両親揃って息子の大学の入学式に出て行ったり、就職の面接試験に付き添ったりと、異常な「馬鹿親ぶり」が流行のようで、ひどい場合、結婚できない息子の代わりに両親が「婚活パーティー」に行ってお嫁さんを探していると聞くから驚きだ。

このように過保護に育てられた息子たちは、親の保護下から外れた環境に置かれてしまうと、途端に適応できなくなる。自立性や社交性が育っていないから、自分でどう対処してよいのか分からなくなるためだ。欧米のように、「騎士（ナイト）」として一人前の男にする教育がなされず、母親がいつまでも大切な「王子様」として育てているから、いつまで経っても「大人としての自覚」を持てないのである。

さらに、こうして育った息子たちは、苦労や挫折を経験していないから、自己愛やゆがんだ自尊心ばかりが強くなり、自分に何かの欲求がある場合、努力や自己犠牲をなるべく避けながら、短絡的な方法で手に入れようとする。

そのため女性に対しても、自分から積極的にアプローチしたり、奉仕したり、気に入られる努力をしようとせず、他人任せやストーカー行為で手に入れようとしてしまうのだろう。「男」として未熟であるが故に、大人としてどのように社会や他人に認めてもらうか分からない結果である。

一方、日本の現代社会において、家庭における父親の存在は皆無に等しいことも、息子の教育に影響を与えている。昔は、父親が積極的に子育てしなくても、子供は「父親の背中」を見て育ったものだ。たとえ父親が間違った生き方をしていても、それが反面教師となって子供たちに影響を与え、人生について考えさせるきっかけとなっていたのである。

ところが近年、多くの父親たちがサラリーマン化してしまい、休日以外には家におらず、家にいても父親が子供に見せる「背中」といえば、寝転んでテレビを観ている背中ぐらいである。

家庭の中で実権を握っているのは母親であり、今の子供たちは、父親の一生懸命働く姿を間近で見たこともなければ、父親に対して威厳や尊敬、畏怖を感じることもない。

子供たちの目には、自分の父親の姿が単なる給料を運んでくるだけの「マシーン」にしか映らず、「男らしさ」とは何かを知る機会もないのだ。

現代では、アニメ『巨人の星』を見て「これは家庭内暴力を正当化する不道徳なアニメだ」という馬鹿親もいるらしいが、父親がちゃぶ台をひっくり返さないまでも、息子に試練を与える厳しい教育もときには必要ではないだろうか。

そうでなければ、いつまで経っても日本の男は「冬彦さん」のままである。

男性のガラパゴス化現象

こんな具合だから、日本人の男性がナンパ下手になるのも当然だ。

どんなに女が強い世の中になっても、女がパートナーに求めるのは弱い男ではなく強い男だ。ただの見栄でもいいから、女は男に「強さ」を求めている。それは種族保存のため、より良い遺伝子の子孫を残すための自然の摂理というもので、男と女の性の役割が逆転でもしない限り、この法則は変わらないだろう。

だから昔から、男性は社会や家庭の中で、常に「男らしくしろ」とか「男だろう」と言われ続け、卑怯なことをしたり、涙を流したりすれば、「男らしくない」と非難された。洋の東西を問わず、どの世界においても、「男」とはいつも正々堂々と潔く、勇敢で、根性があり、家族や仕事、社会に対して責任を持つものだと考えられてきたからである。

今日の日本では、ほとんど「男らしい」という言葉は聞かれなくなった。むしろ「男らしい」ということは、権威的とかむさ苦しいといった言葉と同義語のように捉えられ、敬遠さえされている。今の日本の若者たちを見ていると、「草食系男子」という言葉に例えられるように、あまりにもひ弱で、精神的に幼い。

今の若者には、困難なことや理不尽なことにぶつかると、正々堂々とその問題に正面から立ち向かい、戦う勇気さえも欠けている。こうした家族や学校、社会や国家に守られて生きることを当然のことのように考えている日本の若者たちを見ていると、私のように「頭の古いオバサン」としては、いささか将来が心配になる。ハンサムなだけでは、「男」は「男」として認められるものではない。今さら「お国のため、特攻隊に志願しろ」とはいわないから、もう少し日本の若者たちには男としての気骨があって欲しいと思うのだ。

インターネットを使って匿名で卑劣なバッシングを繰り返して憂さを晴らしたり、陰で自分より弱い者を攻撃して優越感を抱いたりしている暇があったら、自分を磨いて強くなれ！

立ちションは男の特権

余談ではあるが、うちの父は屋外でよく「立ちション」をしていた。昭和一桁生まれの頑固な父は、そんなことぐらい平気な人である。さすがに女性の前や、街中ではやらなかったものの、トイレのない田舎に行ったりすると、道端や草むらで堂々と「立ちション」。

釣りに行ったときも、父と一緒に行った「育ちのいい友人」がわざわざ自動車で釣り場から遠く離れたトイレに行った姿を見て、「男なら海に向かってすればいいものを、あいつは女みたいに便所を探しに行きゃぁがった。その間に、せっかく大物（の魚）が竿に掛かっていたのに逃したぞ。はっ、はっ、はっ」と物笑いのネタにしていた。父にとって、「立ちション」は、男らしさの象徴的行為だったらしい。

最近では、オシッコの時でも男の人がトイレで座って用を足すようになったと知った父は、「世の中は男女（おとこおんな）のようなヤツばかりになった」と仰天した。

ある日、自宅隣の畑の垣根で「立ちション」している父の姿を発見した。私が「そんなことやめてよぉ！」と懇願したが、自分の考えを曲げない「昭和一桁ジジイ」は聞く耳を持たなかった。「おい、悔しかったらオシ（お前）も『立ちション』してみろ。どんなに器用で、偉そうなことを言ったって、女じゃこれだけはできんだろうが」と三河弁で開き直った。

確かに……。私は、トイレで、どうしたら「立ちション」できるか考えた。でも、女の私には絶対に無理だと悟った。女では、オシッコが前に飛ばないからだ。

ところが、そんなことを言った父に天罰が当たった。奥三河の山中に仲間で出かけたとき、オシッコを我慢できなくなって道端に自動車を停め、何人かで山に向かって「立ちション」をしていたら、突然木々の枝を揺らすもの凄い音と屠殺場のような悲鳴が聴こえたそうである。実はそれは、野生のサルが外敵を威嚇するときの行動。

父たちが上を見上げると、木々の上からサルの大群が一斉に石をぶつけてきたというのである。父たちはオシッコもそこそこに切り上げ、大慌てて自動車に戻った。かろうじて怪我はなかったものの父の仲間の「新車」はサルの投げた石で傷だらけ……。

電柱によくオス犬が片足上げてオシッコをするが、あれは他のオス犬や動物たちに「自分の縄張り」を示すため野生本能。サルたちもまた、父たちの「立ちション」を、自分たちの縄張りを荒らす「侵略行為」と誤解したようだった。

それから山では絶対に「立ちション」をしなくなった父……。「男らしさ」の示し方も、動物の前ではご注意を！

第九章　恋愛先進国と経済先進国、どっちが幸せ!?

1. イタリア流ナンパな人生哲学

ボケてもロマンス⁉

現代社会にとって、大切なこと。それは一体何なのか？　真剣に考えたことがあるだろうか。政治？　経済？　お金？　テクノロジー？　環境問題？　私たちの生活は、百年前に比べたら比較にならないほど進化し、便利で豊かになっているのに、私たち現代人は、なぜか全然「幸福」を実感していない。

毎日、朝から晩まで煩雑な仕事に追われ、食べすぎてメタボリックになった身体ばかりを心配し、地球温暖化だの、経済不況だの、テロや戦争だの、到底個人では解決できないグローバルな社会問題に恐れおののき、その上、お金がないと幸せは一切買えないような錯覚にさえ陥っている。

インターネットの普及によって情報はますます氾濫し、価値観はどんどんと多様化しているのに、どのような生き方が正しいのかさえ分からずに、みんな人生を手探りで模索している有り様だ。現代人は、人生の豊かさを忘れ、人生を楽しむことも忘れてしまったのだろうか？すべてが可能な世の中なのに、なぜみんな不幸なのか？　あ～、こんな世の中、もう嫌だぁ～！

こんなことを考えながら、イタリアの街を歩いていたら、突然、見知らぬ「おじいちゃん」に腕組みされて、「今から、わしと食事しよう」とデートを申し込まれた……。

面食らう私……。その「おじいちゃん」、杖を突き、顔もシワシワで、どう見ても八十歳を越しているように見える。入れ歯も、ガツガツだ。ボケているのか？ それとも、単なるカサノバ根性がまだ残っているだけなのか⁉ 彼はイタリア語しか話せず、私がいくら「付き合っている暇はない」と英語とカタコトのイタリア語で説明しても、全然分かってもらえない……。

困った……。住んでいるところを尋ねても、私をカフェの方向へ引っ張って行こうとする。「おじいちゃん」は、遊び相手を見つけてニコニコし、何だかとても「幸せ」そうである。その表情はイキイキして、彼の頬は「萌え～」としている。

突然、降りかかった予期せぬ高齢化問題……。仕方なく、私は、近くの店に「おじいちゃん」を連れていき、「迷子老人」として預かってもらった。その後、「おじいちゃん」がどうなったか私は知らない。きっと、警官にでも保護されたことだろう（と私は願う……）。

とにかく、私のグローバルな哲学的思索は、見知らぬボケ老人によって完全に中断されてしまった。だが、私はボケ老人から学んだことがある。世の中の人間すべてが「不幸」だなんて、イタリアにいるときに考えることではないということだ。

もしかしたら、人間の「幸福」や「楽しみ」など、身近にゴロゴロ転がっているんじゃないかと……。もし、何もかも満たされているはずの人間が「不幸」だとしたら、それは幸福に対する価値観をはき違えているのではないだろうか。

私たちは、身近にある幸福から目を逸らして生きているのだ。あるいは、私たちは心から、精一杯「幸せ」になる努力をしていないのかもしれない。

「あっけらかん」とした顔の幸せそうな「色ボケ・ナンパ老人」を見ていたら、人生のことを悲観的に考えるのがアホらしくなった私……。やはり、こういう哲学的なことはドイツのハイデルベルグまで行って、偉大なる詩人だったゲーテを見習い『哲学の道』を歩きながら考えることにしよう……。ゲーテだって、ベネチアに来たときは、もしかしたら女性を「ナンパ」していたかもしれないのだ。

VIVA LA VIDA（人生よ、万歳！）

経済は最下位、幸せ度は世界一

いつも経済面では、先進国の中で最下位のイメージのイタリア。あんなにも文化も工業も発展し、農産物や魚介類にも恵まれ、風光明媚な自然に溢れ、至るところの街には世界中から観光客が毎日何万人も押し寄せているというのに、ＥＵの中では常に「お荷物扱い」されている

「超不思議な国」である。

政治家の汚職や女性問題、社会にはびこるマフィア組織、南北における経済格差や外国人の移民問題、景気にかかわらず常に高い失業率……。日本に負けず劣らずイタリアもかなり問題を抱えているのに、なぜかイタリア人は自分の不満を声高らかに叫んでいるだけで、何とかしようとする気配がない。

イタリア人に、社会のための自己犠牲を求めるのは、ほぼ無理な話。多くのイタリア人は何があろうが徹底した個人主義で、いつも自分のことしか考えていないから、国家問題より個人が優先されてしまうのだ。

イタリアのスーパーマーケットでは、ときどきレジの店員が気に入った女性客を口説いているが、そこでも社会全体の「経済効率」など考えていない。ナンパしている後ろで、長い行列に耐えている客たちも、文句一つ言わないで、じっとナンパが終わるのを待っている。

せっかちな私は、「こんな場所でナンパなんかするなー　早くしろー！」と心の中で怒鳴りまくっているのだが、ナンパによる時間の浪費に我慢のできるイタリア人はたいしたものだ。

皮肉に聞こえるかもしれないが、あれだけ男性が女性のナンパに時間を費やしていながら、いまだ世界に誇る高度な芸術や文明を枯渇せず維持し続けているのは、逆に「すごい」ことだと思う。

もちろんイタリアにも就業規定はあって、仕事中に女性をナンパなんかしていれば、一応は「サボっている」ことになる。けれども実際には、同僚が女性をナンパしていても、「他人の恋愛を邪魔するのは野暮だ」といわんばかりに、みんなニヤニヤしながら見て見ぬ振りをしているだけだ。よほど目に余ることがない限り、注意されることもない。

あるアンケートによれば、イタリアでは「職場恋愛」に肯定的な人が非常に多いらしい。嫌な仕事でも、職場にロマンスがあれば勤労意欲を高めるためにはちょうど良いというのがイタリア人の理屈らしい。

イタリアはやっぱり世界一オメデタイ国である。

マイペースな自由ライフ

ところで、イタリア人はみんなマイペースで自分らしく生きているように見える。

イタリアには、自由な空気があって、少しくらい他人と違った「はみ出した人生」を送っていても、誰もそれを気にしている様子はない。

現実には、イタリアでも多くの人々が、人生に数多くの悩みを抱え、日本人と同じように苦労しながら生きている。実際、イタリアの庶民の生活は、日本人が考えている以上に質素で、勤勉で、過酷だ。イタリア人みんなが、常に贅沢して遊んでいるわけではない。

けれども、彼らはどのような状況に置かれても、「人生を楽しく生きよう」とするパワーがある。こうしたイタリア人の「人生を楽しみ」、「恋愛を楽しみ」、「仕事も楽しんでいる」姿は、多忙のために疲れた外国人の目には、魅力的に映る。

だから、世界中の人々がイタリアに行きたがるし、イタリアに行くと、誰もが愉快な気持ちになったり、癒されたりする。それがイタリアの美点でもあり、不思議な面でもある。

多様な社会が自由を作る

けれども、一般的なイタリア人の楽観的で享楽的な性質は、生物学的な遺伝によって作られたものではない。そうした「国民性」とも呼べる性質は、イタリアの長い歴史や伝統、文化、社会システムの影響によって出来上がったものだ。

日本ではあまり知られていないが、イタリアの「国家」としての歴史は、まだまだ新しい。一八六一年に国家が統一されるまで、イタリア半島は大小さまざまな都市が国家として分立する都市国家だった。そのため、イタリアは未だ地方色が色濃く、地方ごとに文化の色彩が異なり、人々の地域性もかなり強い。

人種、民族もかなり多様で、言語もイタリア語だけに限らず、ドイツ語、フランス語、スロヴェニア語、サルディーニャ語、カタルーニャ語、ギリシャ語等、隣国の言葉が使われている。

そのため彼らは、イタリア人である以前に、ローマ人、ミラノ人、ベネチア人、サルディーニャ人、シチリア人……といったプライドを持ち続け、国民を「イタリア人」という一括りにした概念には否定的傾向が強い。

国内における貧富の格差もかなり深刻で、職業的な身分格差が歴然とし、南北の地域格差のみならず、ホワイトカラーとブルーカラー、大富豪と一般庶民の間では、生活にかなり隔たりがある。またイタリアでは、日本に比べると社会全体が前近代的であり、大企業中心に組織化されていない。未だイタリアの九十五パーセント以上が中小企業であり、そうした中小企業が依然として国家の重要な基幹産業を支えている。

家族経営の零細企業が数多く、未だ封建的な家業を代々継ぐのも当たり前だ。だから、一見イタリア社会は、統制のとれない無秩序な社会に見えるし、イタリア人自身、日本人ほどに会社や職場といった社会組織の影響を強くは受けていない。イタリア人がよく平気でストライキをするのも、仕事中にナンパを平気でできるのも、彼らにとって、仕事は単なる生活手段にすぎず、人生の享楽を最優先するのが当たり前だと思っているからにすぎない。

イタリア人に、規則は守らない、インチキはする、みんなと歩調を合わせようとしないといった特有の身勝手さがあるのも、その延長線上から出ているものである。日本人に比べると、イタリア人の一人ひとりが個性的で自信に満ちて見えるのも、アイデンティティーが他者に帰属するのではなく、常に自己に帰属している証明だろう。

しかし、こうしたイタリアの経済構造は、社会の多様性を保ち、人々の「自由な風潮」と「個性」を引き出すのに不可欠な要素となっている。

たとえば、中小企業なら、経営の小回りが利くし、個人の能力や創造性を発揮させやすい。主体的に仕事に関わることができるので、個人のモチベーションにも関わってくる。

イタリアで、革新的かつ斬新なデザインの工業製品が生まれるのも、こうした環境が守られているためだ。ファビオ・ランベッリ氏がいうように、「巨大でシステマティックな大企業より、個人の創造性（＝自由）を生かせる中小企業を好む」傾向は、「社会と個人的自由のバランスを上手く融合させている」のである。

こうして考えると、イタリア人の口からよく「人生は短い。だから今を楽しまなくちゃ」という言葉が出るのも何となく納得できる。社会が多様化されてきたが故に、イタリア人は情熱的で、快楽的で、マイペースに生きられる特権を得ているからだ。

何の保証もない将来のことばかり案じて不幸に生きるより、毎日を楽しく幸せに生きることの方を大切にしたいという考えが、一見幸せそうなイタリアの楽観主義を支えているのだろう。

人生はギャンブル！

とはいえ、イタリア人の楽天的な生き方ばかりを見習っていたら、「とんでもないこと」になりそうだ。

二〇〇五年はじめのことだったと思うが、イタリアでは数字選択式の宝くじ「ロト」で多くの破産者や自殺者を出して社会問題化した。何と二十ヶ月間出ていない数字の「53」を狙い、多くの人々がロトに大金をつぎ込んだためだ。イタリアでは全国一〇都市で週二回「ロト」の抽選が行われ、二〇〇三年五月以来、ベネチアで「53」という数字が一七八回の抽選で出ておらず、「次こそ53」という噂が全国に広まったせいだという。

ロトを買う人は一気に急増し、全財産を「53」に投じた女性が自殺したり、銀行員がロトを買うために、勤務先の銀行から百万ユーロを持ち出して逮捕されたり、挙句、ロトのために借金の膨らんだ男性が妻子を殺して自殺するといった凄惨な事件まで起きていた。

一体、このロトに対する熱狂ぶりは何なんだ⁉ 新聞でこの記事を読んだとき、にわかにこうしたイタリア人の半狂乱的な行為が信じられなかった私だが、その後イタリア人の知り合いに確認したところ、実は、彼もロトにハマっていて、やはり「53」に賭けていたことが判明した。

その知り合いのイタリア人は歴としたインテリで、運命論者でもなければ、ギャンブル好きでもない。普段は現実主義者で、大変ノーマルな人間だ。

なぜ「まったく確証のない噂」のために、イタリア人は自分の大事な人生そのものを賭けようとするのか⁉　私が呆れていたところ、その話の流れから、彼は「君にも、ロトをプレゼントしたことがあるだろう。僅かな金額だったけど、当たっていたじゃないか」といい出した。

覚えのない私……。確かに、彼がロトを買う光景は何度か目撃したことがあったが、私が買ってもらったことなど一度もなかったはずだ……。と思っていたところ、一度だけ彼が、「これは君へのプレゼントだ。当たったら、金は山分けしよう」と言っていたことを思い出した。

でも私は、その賭けた数字がいくつだったかも、当たったのかどうかさえも教えられていない……。「ロトが当たったなんて記憶ないし、当選金なんか私は貰っていないわよ」と言うと、彼は「一緒にレストランで豪華な夕食を食べたじゃないか。それに使ったんだよ」と主張した。

私には、豪華なレストランで食事した記憶すらまったくない……。

どうやら彼は、勘違いしていて、私にプレゼントしたはずのロトの当選金で、別の女と豪華な食事に出かけたらしい。しかも、彼はそんなことなどすっかり忘れて、本当に私にプレゼントしたと思い込んでいたのだ。

おい、私にプレゼントしたと言い張るなら、金よこせー。

2. 人生の楽しみより経済効率優先の日本社会

会社の看板を背負った男たち

最近、私はよく考えることがある。もし、日本からすべての企業集団がなくなり、日本という国もなくなり、日本人すべてが「個人として生きなくてはならない」としたら、どれほどの数の日本人男性が自信と誇りを失うだろう？

半数？　四分の一？　それとも十分の一？　正確な数字は分からないが、限りなくゼロに近いかもしれない。日本人男性が、不況などの理由によって職場を追われるとき、必ず行きつく先は絶望と自信喪失だ。

事実、リストラされ、途方に暮れる男性たちの末路は哀れなものである。すべてのプライドを捨て、「これから俺は何でもするぞ」と頑張れる人ならいいが、たいていの場合、次の人生目標さえ見失って途方に暮れている。「会社の看板」を背負って生きていてこそ、自らのアイデンティティーが保たれると考える日本人男性は結構多い。だから、それを失っては「生きる価値もない」と錯覚してしまうのだ。

職場でトラブルがあったり、会社をクビになったという理由から、「うつ病」になったり、自殺したりする男性が日本で多いのも、組織集団に対する依存度が、他の国々に比べて異常に高いせいである。

日本人男性が、一般的にエリートと呼ばれる職業や、世間で名の通った会社で働いていないと、「自分は世間で認められていない」と強く劣等感を感じることも、社会的権威にすがっている証拠だ。いつの世になっても、日本人男性にとって職場は単なる仕事をして収入を得る場所でなく、自分の人生のすべてであり、自分のアイデンティティーそのものである。

この地に落ちたような世の中でも、まだまだ多くの日本人男性が会社のブランド名や社会的肩書きにすがり付こうとしているのは、それが「自分の価値」そのものを決める重要なものだからである。

そんな日本人男性の生き様を見ていると、あまりに健気で、泣けてくる。

近代化社会の功罪

日本社会は、大企業を中心に、組織化、画一化の進んだ社会である。大企業では、あらゆる業務がマニュアル化され、合理的に運営されている。それはある意味、「近代化」されているということで、日本の社会がそれだけ進化しているということだ。

ところが、この近代化は必ずしも良い面ばかりとは限らない。企業全体が一つの大きなマシーンだから、その中で生きる人間は、絶えず職場のルールやマニュアルで縛られて、個性や自由な発想、自発的行動力というものが育ち難く、人情味も薄くなる。

一人ひとりの人間の個性や主体性を発揮する範囲は極めて限られ、普段「自分は何者なのか」を自覚する機会がほとんどない。そのため会社から離れた時間の中では、オタクな趣味にしか自分のアイデンティティーを見出すことができなくなる。日本人男性が超ナンパ下手なのも、こうした環境の中で自然な人間性が抑圧された結果、本能的な欲望を素直に自己表現できなくなったからである。

おかげで日本の書店では、ビジネスマニュアル書のみならず、恋愛マニュアル書までもが無数に出回り、『○○女、○○男の取り扱い説明書』なんぞというタイトルの本がバカ売れしているというから、日本人がどれほど日常で「マニュアル依存」しているかよく分かる。こういう恋愛マニュアル書は、悲しい恋愛難民の救世主だ。

しかし、それも仕方がない。日本は経済効率第一主義。勤務中にナンパどころか、一言でも無駄話をすれば、すぐに客や上司のお叱りを受ける国である。

イタリアでは、「何か故障して修理を頼んだら、一週間経っても来なかった」という話は全然珍しいことではないが、日本だったら、半日で修理に来て貰えるのが当たり前だ。

日本では、イタリアのように「きっと修理工がどこかで女をナンパしているから、来るのが遅くなった」と疑われるようなことも決してない。

それに日本では、「恋愛に現《うつつ》を抜かしていたら、すぐに仕事の能率は落ちて、会社は倒産し、経済が停滞して、国家さえも破綻してしまう」といった屁理屈だって常識として罷り通ってしまうくらいだ。それほど、誰もが個人の享楽を犠牲にし、「経済効率性」ばかりを意識しながら生きているのである。おかげで今の日本は、世界一近代化された経済大国。こうした経済大国に成り得たのも、経済効率を最優先してきたおかげだ。

（ただし、恋愛の効率性に関しては、イタリアがダントツ世界一だが……）

もうすぐ、世界で一番早いリニア・モーターカーも開通するだろう。ああ、やっぱり日本はいいなあ～。

便利なベルトコンベアー社会

皮肉はともかく、日本での生活はイタリアに比べると、どこもホント便利で快適だ。何もかも合理的かつ機能的で、利便性という点に関しては申し分ない。電車は正確に三分おきに来るし、郵便物の紛失も滅多にない。二十四時間営業の店やレストランだって沢山あるし、店員の対応だってみんなテキパキして愛想もいい。

治安が悪くなったといっても、スリや置き引きはまだまだ少ないし、外国人を相手に騙してやろうと思う日本人もほとんどいない。少なくとも日本では、何事にも計画性があり、秩序立っていて、予期しない災難に遭う心配も少なければ、無駄なナンパで時間を妨げられることもない。すべてが規則通りで、社会そのものがスムーズな「ベルトコンベアーの流れ作業」で成り立っているから、インフラ面では常に安心して暮らしていられる。

ところが、こんな「素晴らしい日本」でも、その生活で幸せと喜びを心から実感する機会はかなり少ない。日常生活の中で人間関係は希薄だし、どきどきするようなロマンスも、心の底から笑えるユーモアやジョークにも乏しい。社会から少しでもはみ出した生き方をすれば、すぐに落ちこぼれの烙印を押され、二度と再起できない人だって多くいる。

多くの日本人は、夜遅くまで残業する生活に頼り、膨大なノルマと秒単位の時間に追われ、会社や学校、ご近所や世間の目に縛られながら生きているのが現状だ。

日本人の年間の自殺者数は、三万人といわれ、先進国の中ではダントツトップだ。過労死する人だって少なくない。近年、若者が集団自殺するケースも目立っているが、その異常性を考えても、人生を楽しむどころか、将来に夢さえ描けない日本人の多さを証明している。

それは日本人が、便利で豊かな社会機能や、平和で安全に暮らせる秩序を維持するために、社会の枠組みの中で「マニュアル通り生きる」ことを強要されているからこそ起きる悲劇である。

そして、「負け犬になりたくない」という過剰競争意識や、「経済破綻を起こすのではないか」という不安と危機感、みんなと同じであることへの安心感などが、日本人から心の余裕を奪っているのだろう。だから私は、病んでいるという意味なら、「いい加減な国イタリア」より、むしろ「真面目な日本」の方が、はるかに深刻ではないかと感じるのだ。

自己優先主義と経済優先主義

正直なところ、私にはイタリアと日本を比較して、どちらの国の価値観が人間にとって有益であるかは分からない。女性をナンパばかりしていて、社会全体の効率性を落とすのも困れば、社会の歯車として身を捧げ、経済的な効率性ばかりを意識し過ぎて人間性を失い、最後は「燃え尽き症候群」になって自殺してしまうのも困る。

イタリアは社会利益よりも自己の幸福を優先する「自己優先主義社会」だが、日本は社会利益のためなら、個人の幸福は二の次という「自己犠牲的精神」の社会優先の国である。そのため日本人は長い間、個人を犠牲にした画一的生き方に縛られてきた。

経済発展だけを目標に、人々は国家や企業に都合よく社会の枠組みの中に組み込まれ、勤勉に働くことだけを求められてきたからだ。それでも、高度経済成長時代には日本人には世界一になる達成感があった。国家が一丸となって、世界に類を見ない最先端技術の発達した豊かな社会を作り上げたという満足感が日本人の誇りとなっていたからである。

当時は誰もが経済優先の日本社会の枠組みに逆らうことができなかったし、それが日本人にとって一番幸せなことだと信じ込まされていた。しかし、高度経済成長が止まり、八十年代のバブル景気が破綻して以降、日本人は目標を見失い、社会や国家も信用できなくなって途方に暮れている。

みんなが高額なゴルフ会員権やブランド品に湯水の如く金を使い、毎晩『ジュリアナ』や『マハラジャ』で踊り、遊びまくっていたバブルの狂乱は一体何だったのだろう？　今ではほとんどの日本人が疲れ果て、人生を楽しんでいない。

おかげで私の周囲はうつ病患者とその予備軍だらけ。世界で一番テクノロジーが発達し、世界で一番物質的にも豊かになったはずの国なのに、世界で一番元気のない国民となってしまったように見える。

運命共同体のアリとキリギリス

それにしても、近年、日本もイタリアも国家の財政状況はかなり悪い。海外に借金があるかないかは別にして、両国ともに膨らみ続ける財政赤字にはいつも頭を悩ましている。これほど社会システムと国民意識に違いがあるのに、日本もイタリアも同じ運命を辿っているのは、神様の悪戯《いたずら》としか思えない。

イソップ物語の『アリとキリギリス』では、夏の楽しい季節、アリは汗水たらして働き、キリギリスは音楽を奏でて毎日遊んでいた。ところが冬になり、食料の蓄えのなかったキリギリスは飢えて、アリに助けを求めることになる。この寓話から判断すると、まさしく日本人は「アリ型」で、イタリア人は「キリギリス型」。この両者のモデルは、非常によく当てはまっている。

しかし、寓話と現実の大きく異なる点は、一生懸命真面目に働いている日本人も、人生の楽しみを優先させてナンパばかりしているイタリア人も、最終的にはどちらも国家を破綻させ、貧乏に陥るということである。つまり、現実は寓話より恐ろしく残酷だ。

一体、日本人は何のために自分を犠牲にして、一生懸命、会社のため、社会のため、国家のために働いてきたのか？　どうせ国家の末路が同じなら、イタリア人のように自由で、身勝手で、言いたい放題、やりたい放題、大勢の女をナンパして生きている方が幸せではなかったか？

ちょっと皮肉な気持ちで考えてしまうのである。

偽りの経歴は偽りの女を呼ぶ

以前、知り合いの日本人男性がネットの交流サイトに経歴を偽って登録していた。

高い地位もなく、ハンサムでもなく、気のきいた冗談一つ言えないオタクな彼は、到底世の中で目立つ存在ではなく、女性とはずーっと無縁の生活を送っていた。そんな彼が思いついたのは、アメリカの一流大学院でＭＢＡを取得し、外資系企業で働くエリート・ビジネスマンという触れ込みで「友だち集め」することだった。

（私の知る限りでは、彼は日本の普通の大学を卒業し、留学経験など一度もなく、外資系企業どころか地元の日本企業で転職を繰り返していたのだが……）

ところが……。立派な経歴に弱いのは日本人だけでなく、外国人も同じこと。裕福な日本人エリート男性と結婚を目論《もくろ》む外国人女性たち（それも発展途上国出身）がこぞって彼と付き合いたがり、彼に交流を求めてきたのである。

そんな女性たちの中で、彼はラッキーにも気の合う若い中国人を見つけた。そして、ネットのメール交換すること数ヶ月。甘い蜜月関係を経て、日本でデートすることになったる。ところが、空港に出迎えに行った彼は、相手と会って仰天！　なんと、相手は「女」ではなく、「男」だったのである！　どうやら相手を異性と信じ切っていた彼は、よく調べることなく勇み足でデートをしようとしたらしい。

「俺、何ヶ月も男と愛の言葉を交わしていたんだよね～」と落ち込む彼……。その後、その相手とどうなったか知らないが、周囲はこの顛末に「経歴詐称の天罰だ」と大笑い。

交流サイトは無限な人々との出会いの場。楽しいけれど、危険もいっぱい。自分を偽るのも、ほどほどに。

エピローグ

フィレンツェでフルモンティ

数年前の夏、真昼のフィレンツェでアルノ川沿いからミケランジェロ広場へ登る小道を散歩していると、脇の茂みの中から、アマゾン原住民のような格好のヌーディストの男性がいきなり現れて、声も出ないほど私はびっくりした。

全身スッポンポン！　チンチンも当然、丸出し！

これは観光客を驚かすための悪戯のようだったが、いきなり現れた彼は、写真を撮るように指示した。びっくりしながらカメラを構えると、彼はミケランジェロのダビデ像と同じポーズを作った。

スッポンポンの滑稽な姿なのに、なぜか彼はダンディに決めている。丸出しのチンチンだって、決して大きいわけではない。超普通サイズだ。なのに、彼の態度は自信満々である。

「一体、こいつ何者？　変態⁉」と疑念を抱きつつ、私が思わず彼のチンチンに焦点を合わせシャッターを切ると、彼は風のように素早く、再び茂みの中に消えて行った。

「？…？…？…」、首をかしげ、再び歩き出した私……。

その直後、アメリカ人のオバサン二人組に道を尋ねられたので、ついでにその男の話をした。すると彼女たちは目を輝かせ、「えっ、本当に服着てなかったの？　それ、すごく面白そう！いい男だったの？　早くいかなきゃ見れないわね」といって、すっ飛んで行ってしまった。

彼女たちが、幸運にもそのアマゾン風ダビデ王のヌーディストと会えたかどうかは知らないが、私はそのアメリカ人オバサン二人組のパワーにも脱帽した。

イタリアに行くと、みんな伝染病のように放埒になるようだ。

後日、この写真を自宅に持ち帰り、父に見せた。すると、父は写真を見て「お前、よく恥ずかしくもなく、こんな写真撮れたな」と大笑い！

「男の俺でも、こんなスケベ写真恥ずかしくて撮れんぞ！」と、珍しく父から褒められた……。

ああ……、こんな娘だから嫁にも行けないのです。お父さんホントごめんなさい……。

いい加減がイタリア的

イタリアでは、普段の日常生活の中でも、他の先進国では考えられないようなユニークな事件が次々と起こる。これまで私は、いくつかの自分の体験談を語ってきたが、読んでいて、「えっ、うっそー！」と思われた方も多いと思う。

特に、「ベネチアのゴンドラ事件」など内容が強烈過ぎて、「本当……!?　私、ゴンドラに乗るの、コワーイ」と思われた方もいるだろう。しかし、ご安心を。いくらイタリアでも、こんな体験は滅多にあることじゃない（と思う……）。

イタリアが「いい加減な国」であることは事実だ。列車やバスの時刻は遅れる、ストライキはある、駅や窓口やスーパーのレジにはいつも行列ができていて、郵便物は届かず、レストランで頼んだ料理も出てこない。タクシーに乗ればば料金をボラれ、昼間から店も銀行も閉まり、誰も残業などほとんどしない。建物は古いし、バスルームの使い勝手が悪すぎて床が水浸しになったり、旧式のエレベーターはよく壊れている。街中ではニセ警官が平然とうろついて、観光客をカモにすることだって日常茶飯事だ。

こうしたイタリアのルーズな面を挙げれば、はっきり言ってきりがない。男性が女性をナンパする習慣もその一例である。イタリア人は、時間や仕事のノルマのことなど、人生を楽しむためなら他のことはすべて後回しである。

こんなことを聞けば、イタリアに行った経験がない人は、イタリアのことをひどく怠慢で、いい加減で、治安の悪い、倫理に欠けた国のように思うだろう。だからといって、逆にイタリアですべての事柄が計画的で時間や規則通りに行われたり、何もかもが快適で便利になったり、みんなが勤勉になって泥棒やナンパ男がいなくなったとしたらどうだろう？

世界中の人々が「イタリアはおかしくなった！」と仰天するに違いない。

イタリアが「真面目な国」といわれるようになってしまったらもう終わりだ。その魅力は半減してしまうし、そんなイタリアに誰が観光やヴァカンスに行こうと思うだろうか⁉

国家の良い面と悪い面

どこの国にも、必ず「良い面」と「悪い面」がある。良い面しかない国、悪い面しかない国はどこにも存在しない。その時々の社会体制や価値観によって、どこの国も悲惨な状況に陥ることもあるが、それでもなお、やはりその国々の本質的な個性というものは、良い意味でも、悪い意味でも消えることはない。

そして、どんなに「良い面」であっても、それが行き過ぎれば「悪い面」になることだってある。つまり、長所と短所は紙一重ということだ。イタリアでは、未だ前近代的な家族主義的な面が強く、不便で不合理なことも多いが、人々は個性を尊重し、人生を楽しむ自由な風潮や、家族愛的人情というものが残されている。

一方、社会の隅々まで近代化され、合理化している日本では、イタリアより、利便性の高い、豊かで、安定した生活が保障されているが、人々は人間性を見失いつつある。こうした違いを比較研究することは、日本にとっても、イタリアにとっても、互いに今後のより良い社会を作っていく上で参考になることだろう。

変わりゆくイタリア

ところで、タカコ・半沢・メロジーさんのエッセイ『イタリア謎だらけ』（中公文庫）によれば、イタリアの社会も変わりつつあるようだ。イタリアも日本と同じように男尊女卑で家父長的なイメージの強い国だったが、やはり男女逆転現象が起きているらしい。

女性の社会的地位の向上や職場進出により、男性の社会的地位が脅かされ、その上、母親によって甘やかされて育った男性が「ひ弱」化しているというのだ。「マンマ」（イタリア語でお母さん、つまり主婦の意）ならぬ「マンモ」（イタリア語でマンマの男性形、つまり主夫を意味する）も出現していて、男性社会を堅持し続けるのは難しくなっている。

イタリアでも男性と同じように職場でバリバリ働き、フィットネスクラブで身体を鍛え、何も恐れることなく自分の意見をはっきりいう女性たちは、男女の力関係のみならず、社会習慣まで変えつつある。日本でも、女性の社会進出が進んで男性の地位は低下しているが、国家の財政問題同様、イタリアと日本、その極端に対照的な二つの国が、やはり同じ問題に直面しているとは皮肉なことだ。

こうした強い女性たちの出現により、イタリアでは、カサノバ文化が衰退しつつあるというから、少し寂しい気もする。イタリアからプレイボーイがいなくなったら、どこにイタリアらしさを求めたらいいのだろう？　だからイタリア人男性は、女性が強くなったからといって、

「ナンパ」を止めないでくれ！　もっと世界中の女を楽しませてくれ！

イタリアのナンパ男たちよ、万歳！


最後は、少し支離滅裂になってしまったが、まあ仕方がない。ナンパをテーマに「男」の習性についてここまで書けば、読者もきっと私の意図を理解してくれただろうと期待している。

これから先、私は世界中の男から見放され、いつまでも「行かず後家」のまま、孤独で、嫌われ者のババアになるかもしれない。独身女の傲慢と、偏見と、エゴによって、「男」をここまでこき下ろせば、それも当然の報いだ。

でも、万が一こんな私でも嫁にしたいと思う男性が現れたら、心から感謝しよう！　きっとその相手は「変人」に違いないと思うが、まあ自分の「ダンナ様」は大事にする覚悟だ。

なので、世界中の男性諸君のみなさん、よろしくお願いします！

著者

かわい　ゆうこ

著者紹介

ノンフィクションライター。愛知県出身。慶応大学法学部政治学科卒。大学在学中よりヨーロッパ各地を放浪。15ヵ国以上に滞在し、歴史、文化、思想、国民性等を研究。現地の人々との身近な付き合いからヨーロッパ各地の風土や慣習に精通する。

イタリアの馬鹿男　日本の駄目男

第一刷発効　2013年9月1日

著　者　かわい　ゆうこ
発行者　高石左京
発行所　JPS出版局
e-mail : pubnet@jcom.home.ne.jp　FAX: 0463-76-7195
発売元　太陽出版
東京都文京区本郷 4-1-14 〒113-0033
TEL: 03-3814-0471　FAX: 03-3814-2366
印刷・製本　シナノ

ISBN978-4-88469-782-2